2021国际中文教育创新项目，项目号21YH014CX3

中华文化

主　　编　苏秋军

副 主 编　杨晶佩宜

编委名单　何新元　姚　洋

传播与翻译实践教程

新华出版社

图书在版编目（CIP）数据

中华文化传播与翻译实践教程 / 苏秋军著 . -- 北京：

新华出版社 , 2024. 6. -- ISBN 978-7-5166-7441-3

Ⅰ . G125

中国国家版本馆 CIP 数据核字第 20242VR150 号

中华文化传播与翻译实践教程

作者：苏秋军
责任编辑：蒋小云
出版发行：新华出版社有限责任公司
　　　　　　（北京市石景山区京原路 8 号　邮编 :100040）
印刷：北京亚吉飞数码科技有限公司

成品尺寸：170mm×240mm　1/16　　印张：14.25　　字数：226千字
版次：2025年4月第1版　　　　　　印次：2025年4月第1次印刷
书号：ISBN 978-7-5166-7441-3　　定价：88.00元

微店

视频号小店

京东旗舰店

微信公众号

喜马拉雅

小红书

淘宝旗舰店

企业微信

前 言

中国是一个有着五千多年文化积淀的国家,拥有丰富的文化遗产。在漫长的历史进程中,中华民族形成了以"重民本、尚仁爱、讲诚信、尚和合、求大同"为核心的思想体系,以及崇尚"克己奉公、自强不息、厚德载物、勤俭廉政、精忠爱国"等传统价值观,成为社会主义核心价值观的文化渊源。这些价值理念贯穿着中华民族的历史,深刻影响着子孙后代,构筑了中华文化的独特性和深厚底蕴。随着时代的演进,中国不仅在经济、科技等领域取得了巨大进步,同时也在文化领域展示了强大的创新能力。

中国不仅在国内深入挖掘和传承中华民族卓越的传统文化,还积极推动国际文化交流,分享中华优秀传统文化的精髓。显而易见,中华优秀传统文化的对外传播与交流离不开翻译这一重要的媒介工具。对于当前的翻译界而言,文化翻译已经成为众多学者热议的话题。很多学者也强调,应该突破西方理论的"归化""异化"二元对立的局面,也应该突破传统的"直译""意译"思想,使翻译道路朝着多元文化对话的方向发展。但是,面临当今全球化的局面,翻译的路径理应发生改变,即从过去以英译汉为主转向汉译英为主,从而使西方人更多地了解汉语文化的内涵与真谛。

著名学者季羡林先生曾经指出,文化交流是人类社会向前发展的动力。多元文化发展是世界文化发展的助推器。汉译英使中外文化的交流与衔接呈现了新鲜的活力和优势。在多元文化融合的基础上,汉语文化需要不断保留自己的特点并开拓与其他文化的相处之道。然而,汉语文化能否保持其自身的特点，关键就在于汉译英，即能否将汉语文化移植到目的语文化中。鉴于此，作者在参阅大量相关著作文献的基础上，精心策划并撰写了本教材。

本教材在研究中华优秀传统文化传播与影响力以及语言、文化、翻译理论的基础上，探讨中华优秀传统文化的翻译，涉及自然文化、民俗文化、社交文化，包括习语、典故、动植物、山水、色彩、节日、服饰、饮食、建筑、数字、人名、地名、称谓语、委婉语等。另外，还将分析中华传统经典文化——传统中医文化、戏曲文化、诗词文化的翻译。本教材基于翻译理论，分析中华优秀传统文化的翻译原则以及相应的翻译策略，希望能够更好地传播我国的优秀传统文化。本教材结构合理、译例丰富、深入浅出，是进行文化翻译的良师益友。

全书由苏秋军、杨晶佩宜撰写，具体分工如下：

第二章、第四章至第六章，共 10.49 万字：苏秋军；

第一章、第三章、第七章，共 10.29 万字：杨晶佩宜。

在成书过程中，作者得到了同行学者的鼎力支持，在此对他们给予的宝贵意见表示诚挚谢意。书中所引用内容的参考文献已在书后一一列出，如有遗漏敬请谅解。由于时间仓促且作者水平有限，书中疏漏之处在所难免，在此恳请广大读者不吝指正。

作　者
2024 年 1 月

目 录

第一章

中华优秀传统文化传播与影响力

　　文化是民族存续与发展的重要力量。进入新时代以来,以习近平同志为核心的党中央高度重视社会主义文化的建设及发展,在社会主义文化事业全面繁荣与文化产业快速发展中,中华优秀传统文化在文化发展中的地位日渐提升,中华优秀传统文化的传承得到了高度关注。本章作为全书开篇,首先研究中华优秀传统文化传播与影响力,包括中华优秀传统文化的精髓、中华优秀传统文化国际传播力与影响力、中华优秀传统文化传承的重要意义、中华优秀传统文化传播的重要途径——外宣与翻译。

第一节　中华优秀传统文化的精髓

一、中华优秀传统文化

在五千多年的历史演进中,中华民族铸就了优秀的文化传统,这一文化不仅是中国人民智慧与劳动的凝结,还在其成长中融汇了外部文化的优秀元素,进而推动其深入演化。然而,中华传统文化的主干是在封建社会构建的,难免受到当时社会结构和知识水平的影响,其中也蕴含了一些已不适应现代的观念。在对待这一传统文化时,应提炼其核心价值,摒弃那些不再适宜的部分,并对其进行现代化的调整与革新,以持续引领新文化的创造与发展。在长时期的历史演进中,中华传统文化逐渐积累并凸显出其价值,为中华民族和世界文明注入了宝贵的力量。这一文化不仅对培养个人道德品质、提升国家及民族的凝聚力起到至关重要的作用,还对维护国家的一致性、增进民族的团结关系以及为中华民族伟大复兴构建稳固的社会基础具有深远意义。中华传统文化也构成了中国特色社会主义文化的核心部分,为中华民族在全球文明的波涛中提供了坚实的文化支撑。进一步强化中华优秀传统文化的教育能促进民族的自信和自尊,为中华民族持续发展注入持续的精神动力。

关于对中华优秀传统文化的定义,很多专家学者通过概念抽象或具体罗列等方式进行了比较全面的阐述。其中被广泛认可的一种阐述,即中华传统文化中的精华部分就是中华优秀传统文化。在中华文化的庞大体系中,这一形容词指的是"优秀的"或"杰出的"。因此,中华优秀传统文化可以理解为中华传统文化中的杰出和积极元素。而此"优秀"并非单纯的"好",是指向那些能够促进社会进步、和谐发展并适应时代变迁的文化精髓,如在治国理政的智慧中,《尚书》载:"民为邦本,本固邦宁"[1],明确地指出人民是国家的基石,只有人民安宁,国家才能稳固。

---

[1]　孔子.尚书[M].长春:吉林文史出版社,2017:34-38.

再如,《道德经》中所述:"人法地,地法天,天法道,道法自然①。"这表明,古代的哲人强调人们的行为应与自然相协调,顺应客观规律,实现人与自然的和谐,体现了天人合一的哲学观点,为今日我国的生态文明和现代化建设指明了方向。并且,在中华文明的漫长历史中,众多古代先贤凭其优秀的德行留下了令人敬仰的印迹,这些由传统文化所孕育的美德不仅在当时展现出其价值,而且在今天仍然散发着魅力与光彩。以岳飞为例,其"精忠报国"的崇高精神在国家面临危机之际,表现为英勇战斗,为国家立下了不朽的功绩。而匡衡家境贫寒却志存高远,他"凿壁借光"的故事,描述了他借邻家之光,致力学术,最终成为博学之者,这些文化传统不仅与时代进步的需求相契合,而且对于国家和社会的持续发展有着积极的促进作用,为我们在人际交往、国家治理等层面提供了宝贵的思考与启示。简言之,中华优秀传统文化就是那些在历史长河中应时代需要产生,至今仍对现代社会发挥积极作用的文化遗产,当下,我们有责任继续推广和传承这些宝贵的文化遗产。

二、中华优秀传统文化的精髓

(一)道德思想

在历史长河中,优秀的儒家伦理观念对中华民族的持续繁荣起到了不可或缺的作用,特别是对当下塑造社会主义核心价值观与引领主流思想,仍具有深远的意义与应用价值。

1. 向善思想的价值

自古以来,人性善与恶的问题在哲学领域中持续受到关注,这不仅是中外哲学的核心议题,也为伦理道德体系的构建提供了根本出发点。我国古籍《三字经》明确指出:"人之初,性本善",此言一人刚刚出生的时候,本性都是善良的,这一论点触及了关乎人性本质的深层次哲学探

---

① 老子.道德经[M].上海:上海古籍出版社,2023:96.

索^①。究竟人的天性是趋向善还是趋向恶？在中华古代文化中，儒家是这一议题的开启者。孔子早先提及："性相近也，习相远也"^②。在孔子之后，孟子深化了这一观点，他强调："恻隐之心，人皆有之；羞恶之心，人皆有之；恭敬之心，人皆有之；是非之心，人皆有之。恻隐之心，仁也；羞恶之心，义也；恭敬之心，礼也；是非之心，智也。仁义礼智非由外铄我也，我固有之也"^③，这就是孟子的性善论。值得注意的是，尽管孟子坚信人具有先天的伦理概念，但他也强调了后天修养的重要性，并认为每个人都有向善的潜能，"人皆可以为尧舜"。

荀子深化了孔子关于"习相远"之思想，进而构建了人性恶的哲学论述。他论述，人类天生具有强烈的欲望，这些欲望如果未得到适当的满足和引导，容易导致社会冲突和纷争。从这个角度出发，荀子认为人类天生有"好利"、有"疾恶"之性，"耳目之欲"也自然而然存在。如果仅仅按照人性的天然倾向和欲望来行事，"争夺"和"暴力"的行为模式必然会出现。荀子进一步阐述："人之性恶，其善者伪也"，真正的善和有价值的品质是通过后天不懈努力和培养所形成的。荀子引用："尧舜与桀跖，君子与小人，其天性是相同的"，这进一步强调了后天培育和修炼的关键性。《三字经》中也有提及："苟不教，性乃迁"^④，后天的教育和环境在塑造和重塑人性上起到了决定性的作用。荀子强调："其礼义，制法度"，意味着通过人的努力可以修正其天生的"恶"性。如此，"涂之人亦可能成为禹"^⑤。在此基础上不难看出，孟子与荀子的思考在某种程度上是相似的，二者皆注重内心的修炼，主张惩恶扬善，持续地完善自己。

孟子与荀子就人性论探讨时，各自形成了一套相对完备的哲学理论构架。后世的思想家们在此基础上继续对人性的善与恶进行深入的辨析。例如，韩愈将人性划分为上、中、下三个层次；而李翱则主张性之为善、情之为恶。这些思想家都为探究人性的善恶提供了深入的洞见。当李翱提出其"复性"论述之后，大众对于人性的本善观点形成了共鸣，李翱的"复性"理念强调人的天性是向善的，但普罗大众经常因情欲而使

① 王应麟，书香童年改编.三字经[M].福州：福建少年儿童出版社，2012：2.
② 孔子，景菲，支旭仲.论语[M].西安：三秦出版社，2018：131.
③ 孟子.孟子[M].哈尔滨：北方文艺出版社，2019：216.
④ 王应麟，书香童年改编.三字经[M].福州：福建少年儿童出版社，2012：2.
⑤ 荀子.荀子[M].曹芳编译.沈阳：万卷出版有限责任公司，2020：25.

其本善之性受到干扰,相对地,圣贤之人能免于情欲的束缚,从而保持其原始的本善。为此,普罗大众应努力摒弃情欲,追寻"弗思弗虑"的心态,以达到"至诚"的高度。随后,在宋代,儒家对人性的理论进行了进一步的完善,提出了"天理至善""存天理,灭人欲"以及"天命之性纯善无恶"等观点,进一步强化了人性本善的理念。

儒家思想强调"性本善"的观念,对中华民族精神和道德伦理建构具有深远影响。从儒家的价值观出发,向善的观点可以概括为三大核心要素:第一,认为人的本性向善为其做出善良选择提供了哲学基础;第二,利益的诱引与鼓舞为实现向善提供了积极因素;第三,对于不良行为的惩戒和对外部评价的敬重则形成了向善的制约机制。孟子曾言:"君子莫大乎与人为善"[①];荀子亦有"积善成德,而神明自得,圣心备焉"的观点[②];而诸葛亮则提出:"勿以恶小而为之,勿以善小而不为"[③]……这些经典的论述为我们揭示了善的深刻内涵,并连续数千年对华人形成善行为常态产生了深远影响。儒家思想早已渗透至中华民族文化的深层,使得向善之德成为中华传统的美德之一。

2. 仁爱思想的价值

在中华优秀传统文化中,"仁爱"一词不仅具有深厚的历史背景,而且代表着一个核心的价值观念。孔子为中华文明确立了充满人文精神的"仁"学体系,将"仁"视为道德的最高境界、标准和原则。从孔子的"泛爱众而亲仁"到孟子的"仁者爱人",进一步展现了仁者从"爱亲"到"爱民"的儒学发展趋势,突显了博爱的核心思想。古籍《礼记·中庸》篇中有云:"仁者人也,亲亲为大。"[④] 而在《孟子·尽心下》篇,更是明确指出:"仁也者,人也。"[⑤] 这些经典著作中的论述,解读了"仁"的深意,即人与人之间的深厚情感与关怀。而董仲舒在《春秋繁露》之仁义法第二十九中进一步明确了"仁"的道德定位:"仁之为言人也……仁之法,在爱人。"由此可以理解,"仁爱"不仅仅是一种道德观念,更是一种对

---

① 孟子.孟子 [M].哈尔滨:北方文艺出版社,2019:52.
② 荀子.荀子 [M].曹芳编译.沈阳:万卷出版有限责任公司,2020:31.
③ 陈寿.三国志 [M].北京:团结出版社,2017:173.
④ 戴圣.礼记 [M].张博编译.沈阳:万卷出版有限责任公司,2019:295.
⑤ 孟子.孟子 [M].哈尔滨:北方文艺出版社,2019:280.

他人关心、宽容和同情的情感表达①。

在儒家思想中,"仁爱"被誉为核心理念。《论语》这本反映孔子及其学生言行并深入阐述孔子思想的经典著作,对"仁"一词进行了109次的论述,"仁"一字在文中出现了110次,足以证明"仁"的概念是孔子的价值观中不可或缺的部分。进一步探究孔子对"仁"的定义,发现其核心思想和基础理念均指向"爱"的概念。孔子是首位明确将"仁爱"视为礼乐文明的精髓,并进一步将"仁"的含义解释为"爱人"的思想家。他曾告诫樊迟:"樊迟问仁,子曰:'爱人'。"此外,孔子还提出了"讥(即泛)爱众而亲仁"的理论。综合孔子的各种观点可知,要真正实现"仁"的德性,关键在于实践中的"爱"。

在儒家思想中,"仁爱"被赋予了至高无上的地位,它起始于每个人对于亲情的真挚情感,具体表现为对父母的孝敬和对长辈的尊重,这种情感不仅仅停留在家族关系的界限内,还扩展至更广阔的社会领域,从关爱身边之人逐渐延伸至对所有人的关怀,乃至对大自然、山水、动植物的深厚情感。孟子曾经深刻地指出:"老吾老以及人之老,幼吾幼以及人之幼",以及"亲亲而仁民,仁民而爱物",这些观念凸显了仁爱之于儒家的重要性。随着历代的传承和深化,儒家对"仁"的理解也日益丰富。在广义上,融合了"五常":仁、义、礼、智、信,而狭义上的"仁"仅为"五常"中的一环。此外,"仁爱"的精神也融入了"孝悌忠信,礼义廉耻"的四维八德基本原则中。

通过这种价值观的推广,可以为公众设立一个明确的价值取向,帮助他们建立合理的道德评判准则,并增强其道德实践能力,特别是自主实践的能力,从而塑造一个倾向仁爱和善良的精神文化环境。

3. 义利思想的价值

在探讨义利观念的深层次内涵时,可以定义其为"对于义与利的根本性理解以及对其关系的态度"。在先秦儒家思想中,其关于义利的观点主要强调了"重义轻利"的原则,呼吁人们看到义与利在一定条件下的辩证统一性,如经典文献中所提:"义者,宜也。尊贤为大",此语从侧面反映了儒家视"义"为适当和合理的行为,即代表了符合道德和公正

---

① 董仲舒,周琼.春秋繁露[M].呼和浩特:远方出版社,2005:70.

的意义。在儒家思想体系中,将"义"与"仁、礼、智、信"并列,共同构成了儒家君子所应遵循的"五常",也是儒家道德观和人格典范的基石。另外,"利"在儒家的思想体系中同样占有一席之地,通常被视为满足人们的需求和利益。此外,儒家对"利"的解读也颇为深入,将其解释为人类的需求和利益,在儒学中对"利"有细致的划分,如将其区分为正当与不正当的利益,或是天下的公共利益与个人的私利等。

在中华民族上千年的道德观念与价值观的形成过程中,儒家的义利思想展现了其深远的影响。面对当前市场经济的发展环境,必须准确把握义与利的辩证统一性。基于儒学视角,要坚定地遵循"以义为上"理念,并在实践中践行"见利思义"。儒家对于义利的独到理解,为后世抵御拜金主义、利己主义及享乐主义的浸润提供了有力的盾牌。同时,为社会在合理、合法框架内追求利益提供了引导,有助于维系社会的和谐稳定,确保公民的合法权益得到保障。

(二)政治思想

儒家政治思想展现了深厚的学术内涵,涵盖了如民本思想、仁政思想、廉政思想及大同思想等关键议题。在这套思想框架中,"民"被视为基石,"仁"则被赋予中心地位,所追求的理想目标是"大同"与"大一统"。儒家政治哲学不仅将伦理、法律、教育与政治融为一体,而且在政治实践中坚持民本原则,倡导仁政与德治,并强调礼的重要性。

1.民本思想的价值

在中华传统文化的发展史上,民本思想自国家初创便已存在,起源于商周时期,历经漫长的岁月,它始终融于国家的政治进程与制度变迁,起到了至关重要的作用。该思想在儒家教义中被赋予了深厚的内涵,它不仅体现了"民惟邦本"的理念,更传递出尊崇生命、人文主义的精神传统。孔子将民本思想深嵌在"仁"的定义中,认为"仁"的真谛即"爱人",而这里的"人"特指广大的百姓。翻阅儒家古籍,便能察觉民本思想的光辉。例如,孔子在《论语·雍也》中倡导"博施于民而能济众"[1],

---

① 孔子.论语[M].福州:海峡文艺出版社,2012:54.

在《论语·颜渊》中提及"足食"①,在《论语·子路》中强调"富民"②;孟子在《孟子·梁惠王上》中提出"制民之产"③,在《孟子·尽心上》中阐述"亲亲而仁民,仁民而爱物"④;而荀子在《荀子·富国》中指出"下富则上富",在《荀子·大略》中主张"不富无以养民情"⑤。后续世代的儒学思想家与政治家均高度关注民生问题,认为它是实现善治和国家长治久安的基石。这一儒学理念,在历史长河的政治哲学与实践中产生了深远的影响,无论是维持社会稳定、发展国家经济还是优化君臣关系,其都有着显著的效益,而对于现代中国特色社会主义建设,此思想依旧具有深刻的启示意义。

2. 仁政思想的价值

在儒家政治思想体系中,"仁"的理念始终居于核心位置,其在政治行为中的表现被称为"仁政"。孔子倡导"为政以德",主张统治者应持有仁爱之心治理国家,以此达到对民众的道德教化。孟子不仅继续弘扬了孔子对"仁"的理解,更进一步将这一思想延伸至政治、经济和文化等领域,形成了一套更为完整的仁政学说。他将人性本善的论点作为其政治理论的基础,主张通过实施体现同情与怜悯的策略来管理国家。孟子提出:"以不忍人之心,行不忍人之政,治天下可运之掌上",明确指出应当推行对民众持同情与怜悯态度的政策,也即所谓的"不忍人之政"⑥。

在儒家政治思想体系中,"仁"与"礼"形成了核心与外延的关系。其中,"仁"为基础,而"礼"则是其具体的表现形式。如果缺乏"仁"的内核,那么"礼"的外壳很快就会被瓦解;而在没有"礼"的指导下,"仁"的实现变得极为困难。因此,要想实现仁政,两者需要相互补充、共同作用。孔子在他的思想中强调,为了达到政治的道德化,需要依赖于礼的规范和实践,从而主张"为国以礼"。孟子进一步指出:"而或以无礼节用之,则必有贪利纠纷之名,而且有空虚穷乏之实矣。"⑦这清晰地揭示

① 孔子.论语[M].福州:海峡文艺出版社,2012:125.
② 孔子.论语[M].福州:海峡文艺出版社,2012:133.
③ 孟子.孟子[M].哈尔滨:北方文艺出版社,2019:21.
④ 孟子.孟子[M].哈尔滨:北方文艺出版社,2019:268.
⑤ 荀况.荀子[M].南昌:二十一世纪出版社,2015:303.
⑥ 孟子.孟子[M].哈尔滨:北方文艺出版社,2019:55.
⑦ 孟子.孟子[M].哈尔滨:北方文艺出版社,2019:67.

出"礼"的重要性。孔子与孟子虽有各自的哲学侧重,但他们的思想都致力于重塑社会的伦理秩序。在政治实践层面,儒家主张仁政的实现必须通过礼的具体化,进而强调"为国以礼"的重要性。当每个人都能够恪守礼义,国家能够真正地实施仁政,那么民众将会更加富裕,国家也将更加强大。此外,礼法不仅是对民众的教育和管理手段,同时是对官员提出的行为准则。

第一,儒家所主张的仁政思想,对于我国现代的政治建设和社会治理具有重要的参考价值。仁政思想为当下中国关于"依法治国"与"以德治国"策略的整合提供了理论基础。传统的儒家思想高度重视道德政策和道德教育,尊崇道德对个体和社会的引导力,从而为"以德治国"策略赋予了核心动力。另外,仁政在儒家思想中与"礼"是相辅相成的,确保了完整的礼仪制度,使民众得以遵循法规,生活井然有序,为"依法治国"的实施建立了坚实的理论框架。在当今多元文化与多种价值观共存的社会背景下,法治与德治两者都应得到平等重视,使二者相互补充、相辅相成。

第二,仁政思想为当代领导干部提供了可资借鉴的为官之道。领导干部应当秉持正确的权力观,始终将人民的根本利益视为行动指南,应该全心全意为人民服务,权力应用于造福人民,而非私利。更为关键的是,领导干部应深切关心人民的需求和困境,始终保持与人民的紧密联系,倾听他们的声音,切实解决他们的实际问题,并确保社会的持续稳定和健康发展。

3. 大同思想的价值

儒家哲学中的大同思想被视为中华优秀传统文化中的核心思想。尽管儒家的大同思想在某种程度上受制于其历史背景,但它对于现代社会和谐建构及人类命运共同体的构想提供了深刻的启示。大同思想为人类命运共同体构建奠定了坚实的理论基石。在这一思想的熏陶下,中华民族始终强调"天下一家",持续推崇和平,并主张"民胞物与"和"协和万邦",追求一个"大道之行,天下为公"的理想世界。该思想不仅在社会主义道德建设与实践中起到了关键的启示作用,对于社会主义核心价值观的践行亦有深远影响,同时助推了全球的和平与进步。基于"协和万邦"与"天下大同"的原则,中国在"一带一路"框架中为构建人类命运共同体提供了理论支撑和历史参考。代表中华文明的儒家思想,凭借深厚的文化自信,为全球提供中国的解决方案,分享中国的智慧,对世界和平与繁荣产生了积极的影响。

(三)教育思想

在儒家思想中,教育、教化天下被视为治理国家的核心要素。作为中华历史上最杰出的教育思想家,孔子始终强调人口、财富与教育三者对于国家建设的意义,并将其中的教育元素视为"立国"之根本。孟子进一步阐释道:"善政不如善教之得民也。善政,民畏之。善教,民爱之。善政得民财,善教得民心",揭示了在治理策略中,教育被认为是赢得人民心意的关键手段。总体来说,儒家教育观点涵盖三个方面,即"有教无类""因材施教"以及"尊师重道"三大核心思想。

1. "有教无类"思想的价值

《论语·卫灵公》中的"有教无类"深刻地反映了孔子的教育思想。在孔子的时代,社会正在经历从奴隶制向封建制的转型[①]。在这个历史节点,奴隶制的影子仍然盘旋,教育依然是"学在官府,民间无学"的模式,只有社会上层的贵族有权接受教育。随着时间的推移,社会生产工具和经济结构的变革导致井田制度的瓦解,王权和奴隶主贵族的势力随之衰退。孔子察觉到这一变革,提出"有教无类"的思想,意在通过扩大受教育者的范围,来缓解社会矛盾并稳定治理格局。在此教育观念下,教育的受益者不再受到种姓、贫富或地域的限制,只要有学习的愿望,均可享有受教育的机会。

"有教无类"的教育哲学在现代教育改革中仍然具有深远的意义。自改革开放以来,中国的教育事业迅速发展,实施了九年义务教育制度,大大减少了文盲率,同时,中高等教育也取得了显著进展,并在教育资金方面持续增投。尽管如此,在教育的普及与公平性方面,仍有许多待完善之处。因此,"有教无类"的理念不仅在理论上为确保我国教育公平提供了有力支撑,也在实践中对促进社会主义核心价值观的传播和

---

① 孔子.论语[M].福州:海峡文艺出版社,2012:166.

深化具有不可替代的作用。它鼓励我们更坚定地推动义务教育的全面实施,合理分配教育资源,拓展办学路径,从而确保更多的人享有平等的教育机会。

2. 因材施教思想的价值

孔子主张"因材施教",意指针对不同的学生特性采用相应的教育策略。如《论语》中所记,子路询问:"闻斯行诸?"孔子回答:"有父兄在,如之何其闻斯行之?"冉有同样提问,孔子答:"闻斯行之。"公西华进一步指出:"由也提出'闻斯行诸'的问题,子贵称'有父兄在';而求也提问'闻斯行诸',子贵答'闻斯行之'。此处所引起的疑惑,敢问何解?"孔子解释称:"冉有因其谦逊之性格而退缩,因此应鼓励之;仲由因其胜过于人之性,所以应适当地制衡。"[①] 由此,孔子的"求也退,故进之;由也兼人,故退之"揭示了其因应学生性格差异而施教的理念。在教育实践中,这种个性化的教育策略承认了学生的独特性和差异性。当代教育特别是在弹性学习制度的构建中,应重视"因材施教"的理念,不仅有助于满足个体与社会的发展需求,还为教育改革提供了理论支撑。

3. 尊师重道思想的价值

儒家的核心思想中,尊师重道占据了至关重要的地位。孔子深知学术的海阔天空,主张"学无常师",并尊崇那些拥有深厚学识和崇高道德的人们。他的经典言辞"圣人无常师。孔子师郯子、苌弘、师襄、老聃。郯子之徒,其贤不及孔子。孔子曰:三人行,则必有我师。是故弟子不必不如师,师不必贤于弟子,闻道有先后,术业有专攻,如是而已。"表达了他的学习观点与尊师思想。孔子持有的"三人行必有我师"的教学哲学,不仅为教育职业确立了崇高的标准,而且在历史长河中获得了广泛的认同与赞誉。此外,儒家对于尊师重道的倡导对后代产生了深远的影响,为我国的科教兴国战略和建设教育强国提供了宝贵的思想指引。

---

① 孔子.论语 [M].福州:海峡文艺出版社,2012:107-111.

第二节　中华优秀传统文化国际传播力与影响力

一、中华优秀传统文化国际传播力

（一）彰显民族精神标识

自中华人民共和国成立 70 多年来,中华儿女为谋求民族复兴,持续前行,创下了人类历史新篇章。这段历程见证了中国经济的飞速发展,诞生了一连串非凡壮丽之事迹,并孕育出新时代的爱国主义和时代精神。中华优秀传统文化所承载的思想理念、人文精髓、道德规范、意志品格,构成了国人精神境界的灵感之源,激励着人们为振兴国家而不懈努力。

（二）为世界贡献中国智慧

中华优秀传统文化历经数千年的积累与沉淀,为世界文明史写下浓墨重彩的一笔。在当代,随着全球化的深入发展,中华优秀传统文化的传播已经成为连接中国与世界的重要纽带,同时为全球提供了独特的中国智慧。

中华优秀传统文化所涵盖的内容广泛,无论是哲学、历史、艺术还是文学,都是深厚的文化底蕴的体现。中华文化的哲学思想在数千年的发展中,已形成了深厚的底蕴和独特的视角。其中,儒家、道家和佛教的思想,不仅在中国历史和文化中占据重要地位,而且在全球范围内也产生了深远的影响。儒家思想注重人与人之间的关系和社会的和谐。其中的"仁、义、礼、智、信"五常是维系社会和谐、人际关系的重要理念。随着中国与外部世界的交往加深,儒家思想也逐渐传播至其他国家,特别是东亚国家,如日本、韩国和越南等。在全球化进程中,儒家强调的人与人之间的和谐关系和社会责任感,与西方的人权和民主理念相互补充,为构建和谐的国际关系提供了中国式的解决方案,许多国家和地区在寻求社会发展和治理模式时,也开始借鉴儒家的相关理念。道家的核心观念是"道法自然",主张人与自然和谐共生,强调天人合一。在当今面临环境危机的全球背景下,欧美等地的生态学者和环境保护人士,开始关注和研究道家的生态哲学,视其为应对全球环境问题的重要参考,推动了东西方在环境保护方面的合作与交流,促进了全球绿色和可持续发展。佛教的"因果循环"等观念强调事物之间的相互联系和影响,为人们提供了深入理解世界的视角。随着佛教从印度传入中国,并在中华文化中与道家、儒家融合,它的思想也随着丝绸之路传播至中亚、东亚和东南亚。在当代,佛教哲学吸引了西方国家的大量追随者。佛教的冥想和禅修方式为人们提供了应对现代生活压力的方法,并对西方的心理学和治疗方式产生了积极的影响。

中华文化不仅是思想和理念的体现,也是实践和生活方式的表达。例如,中医哲学的基石是"阴阳五行"与"气血精津",主张人体与自然环境之间的和谐相处,强调平衡与整体性。在西方,随着人们对医疗模式多元化需求的增加,中医哲学在世界范围内受到了越来越多的关注,人们开始认识到预防胜于治疗、天人合一的重要性,也使得中医哲学逐渐被接受,并在全球健康医疗领域中占据一席之地。中草药是中医的重要组成部分,与中医哲学相辅相成。近年来,随着全球对天然、有机和可持续性产品的需求增长,中草药在国际市场上的需求也随之增加,许多国家开始研究中草药的疗效,并将其纳入本国的医疗体系中。一些中草药的活性成分也被广泛用于现代药物的研发中,促进了医药科技的发展。作为一种兼具防御性与养生之用的古老武术,太极在世界范围内得到了广泛传播,其流畅的动作、缓慢的节奏和深厚的哲学内涵,不仅被视为一种健身方式,还被认为是一种生活态度和哲学观念的体现,促进了人们对身体与心灵平衡的追求,并在全球范围内被推广为一种健康的生活方式。

另外,中华文化在艺术、音乐、舞蹈等方面也为世界贡献了独特的审美。诸如书法、绘画和陶艺,都在全球范围内被高度赞誉。书法被称为"中国的艺术之王"。在汉字的笔画中,每一个线条、点滴都蕴含着书写者的情感和意志。书法传统上的"气韵生动"不仅仅是技巧的展现,更是一种精神的流露。在世界各地,尤其是在日本、韩国和东南亚等地,中华书法受到高度的尊重和模仿,国际上的许多书法展览和交流活动都对中华书法表示赞赏,认为它是中国文化中最具代表性和吸引力的部分。中华传统绘画注重"意境",追求的是画面背后的情感和哲理,而不仅仅是表面的再现。山水、人物、花鸟等都是中华绘画的重要主题。中华绘画的独特技法和审美,在国际艺术界得到了广泛的认可,从敦煌壁画到宋元山水,这些作品在世界各大博物馆和艺术院校中都受到了热烈的追捧。自古以来,中华陶瓷技艺就已经达到了高度的成熟。从秦代的兵马俑到宋代的青瓷和景德镇的白瓷,中华陶艺在技术和艺术上都取得了卓越的成就,这些独特的瓷器不仅在古代丝绸之路上广泛传播,而且在现代成为中国文化对外交流的重要载体。这些传统艺术形式在世界范围内的传播,为扩大中华优秀传统文化的国际影响力提供了有力的支撑,被视为中国古代文明的精华,也是中国与世界进行文化交流的重要桥梁。同时,这些艺术形式也为全球提供了独特的审美体验,丰富了人类的文化遗产。

在历史文献和文学作品中,如《史记》《红楼梦》和《诗经》等,都是人类宝贵的文化遗产,这些文献和作品在描述历史和人物的同时,也有对于人性、情感和社会的深入思考,在国际上产生了广泛的影响,为中国文化传播做出了独特的贡献。《史记》作为司马迁的杰出历史巨作,自成书之日起就对后世历史研究有着深远的影响,它以其独特的史记体、翔实的史料和峻峭的文学风格,吸引了众多国际学者的注意。在欧洲,19 世纪就有学者开始研究和翻译《史记》,向世界揭示了中国古代的历史发展、政治制度、社会风貌及人文思想,进一步加深了外界对于中华历史的理解与尊重。《红楼梦》被誉为中国古典小说的巅峰之作,其在全球的影响力同样不可小觑。自 19 世纪以来,这部作品被多次翻译成各种文字,并在世界各地出版。通过对《红楼梦》的研究,国际读者得以窥见清代社会的风俗、人情以及深入的人性探索。同时,这部小说以其独特的叙事技巧和深沉的情感渲染,也对世界文学产生了一定的启示。《诗经》作为中华最早的诗歌集,集结了西周到春秋时期的诗篇。它的出现为世界文化史增添了宝贵的一页。自 20 世纪初,西方学者开始对《诗经》进行研究和翻译,这些古老的诗歌揭示了古代中国社会的风俗习惯、人们的情感生活及人与自然的关系。

传播中华优秀传统文化,不仅是向世界展示中华民族的辉煌历史和文化底蕴,更是为全球文明进步提供中国的智慧和力量。未来,随着中华文化在全球的影响力持续增强,相信它将为推动全球的和平、发展和繁荣作出更大的贡献。

二、中华优秀传统文化国际影响力

（一）凸显历史底蕴

在建设社会主义文化强国的过程中,必须深入理解中华优秀传统文化在未来国家文化发展中的核心地位,继续汲取其深厚的养分,为实现文化强国提供不竭动力。中华民族凭借数千年的历史和文化积累,所走的道路展现了广阔的舞台、深厚的历史根基及坚定的前进决心。为实现文化强国,必须考虑国家实际情况与文化传统,充分调动各种积极因素,助力社会主义现代化建设。建设文化强国的战略目标其实源自中华民族历史上的辉煌成就。

（二）扎牢文化根基

1. 传承中华优秀传统文化需依据新时代社会发展需求

中华民族的优秀传统文化是其集体智慧的凝聚,为中华文明的漫长历史所孕育。这一文化遗产既凝结了中华民族的精神特质,也激励着中国人追求更高尚的价值观。在中国革命、建设与改革、复兴的各个历史时期,党都扮演着中华文化遗产的守护者角色,并始终坚持弘扬中华优秀传统文化。

全球经济一体化与文化多样性同步发展。在吸纳外部文化精华的同时,必须确保中华文化的核心得到弘扬,以供世界共赏。然而,受外部文化影响,如过度追捧西方节日(万圣节、情人节等),已对部分青少年产生不良影响,导致传统的春节、中秋节和端午节在其心中地位下降。为此,政府发布一系列指导意见以加强对中国传统文化和节日的保护与推广。民族的传统节日和风俗不仅代表其文化,反映了民族的特点和生活方式,也是与其他民族区分的标志。传统节日和习俗的传承和推广应与时代脉动相应,融入现代元素,满足现代人的多样化需求,并让这些文化更好地融入日常生活。

为了推动中华优秀传统文化在未来的持续发展,必须根据新时代社会发展需求,并与社会进步同步,才能展现其独特的活力。这一文化不应局限于国内,而要与世界其他先进文化互动,才能赋予其新的文化维度和深度,彰显其深厚的智慧与魅力。中华优秀传统文化所蕴含的智慧可以为其他国家或地区的社会经济发展提供有益的方案,只有将中华优秀传统文化推向世界,才能真正展现出强大的生命力和吸引力。

2. 不断增强人民对民族文化的自豪感

在文明的历史演进中,中华民族经过漫长的历史锤炼,孕育出了特有的文化象征。该象征成为中华儿女对文化深厚的自信和主观认同的根基。从宏观视角来看,文化自豪感基于民族文化的内在根本,是文化影响力的明显标志。在文化交流与冲突的过程中,当坚守文化自信,主动珍视中华优秀传统文化,并不断深化民族文化的自豪意识,我们才能在全球文化的浪潮中保持稳定,使民族卓越文化焕然一新,并助力中华文化走向国际舞台。文化自豪感不仅是建设社会主义文化大国的动力源泉,而且是促进中华优秀传统文化创造性转化的持续推动力。

3. 在世界舞台上日益凸显中华优秀传统文化的魅力

每一位中华儿女无论身处何地,都深深地承载着民族文化的基因与坚定的自信。这既是中华优秀传统文化的最好诠释,同时也代表着中华民族最为光辉的荣耀。然而,仅仅对中华优秀传统文化的钦佩和传承是不够的,更为关键的是如何进一步弘扬其价值,确保其核心理念能够流传后世。

自古以来,中华民族便展现出坚韧与不屈的气节,历经风雨,始终能够克服各种难关,取得卓越的历史成果。随着中国特色社会主义步入新时代,如果中华民族欲在全球的民族林立中坚定立足,关键在于确保中华文化以焕然一新的形态,占据世界文化的领军地位。只有当文化具有前瞻性和感召力,才能够成为指引全球文化发展的标杆,获得其他国家与民族的广泛认同。

中华优秀传统文化的理念与美德充分展现于世界的舞台,为全球人民见证。它们不仅揭示了中华文化的博大精深与非凡气度,同时也为人类社会指明了共同的价值追求。为了进一步发挥中华文化的影响力,结合新时代的特色,持续加强与世界文化的交流与合作,显得至关重要,不仅能提高中华文化的全球认知度,也能够进一步增强其在国际舞台上的竞争力。

第三节　中华优秀传统文化传承的重要意义

一、从时代背景中揭示中华优秀传统文化传承创新的必要性

习近平总书记关于中华优秀传统文化传承创新的相关论述,是在认真分析国际形势和国内环境下,在深刻把握世情、国情、党情的基础上形成的。从时代背景入手,科学阐明"重要论述"形成的必要原因。

（一）世情：风险挑战中树立中华民族文化自信理念

当前,世界正处于百年未有之大变局中,全球经济、政治格局正在发生变化,各国都站在了新的十字路口,世界也面临着新的变革和挑战。世界之变、时代之变、历史之变正在以前所未有的方式加速演进。国际形势复杂多变、充满不确定性,大多数国家都面临着很多问题和挑战,有经济问题,也有地缘政治问题、民族问题等。一直以来,西方资本主义国家不断开拓世界市场,企图占据主要控制权,妄想称霸全球。与此同时,西方资产阶级思潮也在不断冲击各国,妄图借助资本力量,推行文化霸权。我国的崛起引起了美国等西方国家的历史忌惮,随着互联网技术的发展,西方国家一些违背我国主流意识形态的价值观念通过网络平台渗透到我们身边,人们也在错综复杂的资讯中不断迷失。属于中国人的传统节日逐渐被淡忘,而对于圣诞节、情人节这类西方节日却大肆宣传。西方意识形态的不断渗透,不仅误导了大众的价值观念,甚至导致虚无主义思潮的暗流涌动,使推进传统文化传承创新工作受到影响。在这样紧张的国际形势下,习近平总书记充分认识到传承和创新中华优秀

传统文化的必要性,优秀传统文化作为一个国家的命脉,必须紧紧握在手里,才能在世界激荡中站稳脚跟。

全球化是时代发展的主旋律,经济全球化下人类文明交流也日益紧密,国际综合实力的比拼已不再是单以经济实力为重,文化竞争已成为关键一环。随着各国交流互鉴愈发紧密,我国日益走近世界舞台中央,深刻把握优秀传统文化的内涵,能够使我国在国际舞台上展现不同于其他民族的独特魅力。在中华优秀传统文化滋养下,我们奉行以和为贵、亲仁善邻的外交之道,遵循天下为公、协和万邦的大同理念,不仅为解决当前世界面临的难题贡献中国智慧,还让世界听到了中国的时代最强音。习近平总书记强调要加强文化建设,增强文化自信,不断推进文化软实力和国际话语权的提升。

优秀传统文化是中华民族的优势所在,是中国取得巨大成就的力量源泉。因此,唯有充分认识到中华文明在人类文明发展历史中起到的关键作用和作出的重大贡献,才能更好地树立起民族荣誉感,也只有深挖中华优秀传统文化的思想内涵,才能更好地坚定文化自信。习近平总书记高站位、大格局、远视野,在深刻把握优秀传统文化思想内涵的基础上,提出了关于优秀传统文化传承创新的重要论述,不仅推进中华文化走出去,还推动中华优秀传统文化资源优势转化为话语权优势。

（二）国情：日新月异里推进中国特色社会主义建设

实现中华民族伟大复兴是近代以来中华民族最伟大的梦想,新时代是离梦想最接近的时期,新时代的十年社会发展发生了日新月异的变化,在全体中华儿女的共同努力下,我们创造了许多举世瞩目的伟大成就,党和国家的事业也迈上了新的台阶。但是我们也要清醒地认识到,我国社会主义仍然处于并将长期处于社会主义初级阶段的国情没有变,全面推进中国特色社会主义建设必须深入挖掘中华优秀传统文化所蕴含的时代价值,从中汲取文化力量,使祖国事业不断取得进步。

进入新的社会发展阶段,人民不单单满足于吃得饱、穿得暖,更多地开始追求精神层面的需求。如何满足人民的美好生活需要,解决好不平衡不充分的发展之间的矛盾成为当前重要的时代课题。华夏文明延续至今,其中所蕴含的历史经验和实践路径依旧可以解决当前所面临的困难,可以为国家治理提供思路方法。但随着历史时期的更迭,要想将传统文化中的积极因素充分发挥出来指导新的实践,还将赋予其新的形式和内涵,使其更加贴近时代、走进大众。习近平总书记相关论述高屋建瓴,不断推动中华优秀传统文化传承创新,为中国特色社会主义建设注入动力和底气。

（三）党情：时代需求下担好历史传承者的责任使命

中国共产党作为中国特色社会主义事业的领导核心,从成立之日起,就肩负着积极推进中华文化繁荣发展的使命,这种使命任务始终贯穿我国革命建设和改革的各个时期,并随着时代的发展,不断增添更多新的要点。新民主主义革命时期,中国共产党人发掘传统文化中的革命因子,在群众中进行广泛宣传,以此调动起广大人民群众的革命积极性。

除此之外,以毛泽东同志为核心的领导集体不断探索将中华优秀传统文化中"实事求是"思想和马克思主义相结合,并提出了"马克思主义中国化"这一重大命题。在社会主义革命与建设过程中,为了与文化糟粕划清界限,巩固新生政权,中国共产党将中华优秀传统文化中彰显民族优秀品格的精神加以提炼,不断提升人民群众投身生产实践的积极性。到了改革开放时期,加强宣传和普及工作,引导人民群众正确认识民族文化,不断加强精神文明建设,使传统美德深入人心、化为人行。聚焦新时代,习近平总书记根据不同场合有针对性地提出优秀传统文化对当前工作的指引,强调不论过去现在还是将来,优秀传统文化都将是一切工作的力量源泉。

中国共产党是具有高度文化自觉的党,党的百年奋斗凝结着我国文化奋进的历史。中国共产党将继续坚守初心,不断汲取传统文化中的优良基因,担负起新的文化使命,做好传承创新传统文化的引领者和践行者,不断用传统文化的打磨理论武器,为更好成为亲民为民爱民的政党继续努力。

二、从理论渊源中寻找传承创新中华优秀传统文化的可行性

习近平总书记关于中华优秀传统文化传承创新相关论述并不是凭空产生的,是有着强大的理论根源作为支撑,是在新的时代环境下,基于中华优秀传统文化中的历史沉淀,以马克思主义经典作家的文化观作为指导思想,同时借鉴中国共产党历届领导集体的传统文化观而生成的。

(一)历史根基:中华优秀传统文化的思想内涵

中华传统文化已经过数千年沉淀,其中所包含的哲学意蕴、价值观念和伦理道德愈加丰富。中华优秀传统文化之所以经久不衰,是因为其拥有跨越时空对话的特质。从国家层面来看,中华优秀传统文化中既有"民为邦本"的为民思想,也有"革故鼎新"的革新思维;从社会层面来看,不仅有对"大同"社会的美好祈愿,也有"德法"合治的教化约束;从个人层面来看,上有"天下兴亡,匹夫有责"的爱国情怀,下有"尊老爱幼、尊师重道"的家庭美德,更有"自强不息,慎独自爱"的个人修养。除此之外,面对自然主张"道法自然,天人合一",面对外交遵循"睦邻友邦,好战必亡"的人间正道。这些思想代代流传,指导着国家的发展和进步,在今天依旧闪耀着璀璨光芒。

除了中华优秀传统文化自身所蕴藏的现实价值外,古代思想家重视文化传承创新的思想对习近平总书记相关论述的形成也有着深远影响。儒家学派创始人孔子对古代文化的传承做出了重大贡献,他整理古代典籍,编修《六经》,填补了史料空缺,把上古文明传承发展下来。同时他提出"温故而知新"的治学理念,倡导在回味历史中撷取新的思维观念。曾子作为孔子晚年的小弟子,潜心学习儒家思想,四处讲学推行传播儒家主张,撰写《大学》《孝经》等著作,可以说,曾参就是在继承孔子学说的基础上,不断发展进而又有建树。除此之外,提出"为往圣继绝学"的张载在传承前人思想的基础上不断丰富其内涵,也为后人留下了丰裕的思想文化遗产。

中华传统文化有值得传承创新的积极元素,有历久弥新的时代价值。这些都为习近平总书记关于传承创新相关论述提供了丰沛的理论滋养。

(二)理论基础:马克思主义经典作家的文化观

关于传统文化的研究马克思和恩格斯虽然没有系统完整的理论体系,但其文化思想可见于诸多经典著作中。习近平总书记强调:"学习马克思,就要学习和实践马克思主义关于文化建设的思想。"

首先,马克思运用唯物史观分析文化的本质,指出文化是一种人类创造性的实践活动的产物。其次,马克思还进一步揭示出社会存在决定社会意识,经济基础决定上层建筑这一基本原理,强调物质生产是文化形成的土壤,并指出文化也会对经济基础起到反作用。然后,回归到传统文化方面,马克思强调人们不能随心所欲地创造自己的历史,必须从过去、既定的条件下去传承创造,这里我们可以看到传统文化对当代社会的影响。最后,在如何对待传统文化这个问题上,马克思和恩格斯秉持辩证地"扬弃"思想,去芜存菁,认为"文化上的每一个进步,都是迈向自由的一步",主张继承传统文化中的积极内涵,推动文化创新发展。

列宁的传统文化观内容丰富,提出对待传统文化的正确观念,列宁首先对历史虚无主义进行严厉批判,有力回击了自由主义民粹派对马克思主义抛弃传统文化的谬论。他还提出了无产阶级文化的建设必须基于对人类社会历史发展过程中所创造的文化进行创新,可以说,结合新的时代内容对传统文化进行扬弃的过程就是继承创新优秀传统文化的过程。除此之外,对待前人所创造的文化遗产,列宁倡导要辩证来看,对于本质的、未来的部分要积极传承创新,促进社会的发展;对于旧有的、过去的部分则要适当摒弃。简言之,马克思主义经典作家所提倡的批判继承和创新发展传统文化的观点,对科学把握中华优秀传统文化的传承创新具有借鉴意义。

(三)直接来源:中国共产党主要领导人的传统文化观

自中国共产党成立伊始,就肩负起推进中华优秀传统文化传承创新的使命任务,做好传统文化忠实接班人和积极继承者,并不断开拓革新传统文化中的积极因素使其与时代接轨。党的历代领导层在推进马克思主义中国化的进程中,以批判性的方式不断地推进中华优秀传统文化的传承创新,使中华优秀传统文化在新时代焕发出勃勃生机。

第四节　中华优秀传统文化传播的
重要途径——外宣与翻译

一、外宣翻译的定义

外宣工作离不开外宣翻译这一重要环节。外宣翻译是以"外宣"为连接，以中文为源语信息、外国语言为载体、网络和媒体等方式为宣传渠道，向外国读者传递源语信息的一种特殊翻译形式，旨在宣传中国，介绍中国，让世界了解中国。

张健教授在《外宣翻译导论》中指出，广义的外宣翻译包罗万象，涵盖所有翻译活动，任何类型的翻译都可以承载着一定程度的外宣任务，外宣翻译早已突破了狭义的以文学作品为媒介进行文化交流的范畴，即人们常说的"大外宣"的翻译概念。关于狭义的外宣翻译，张健教授认为其翻译对象包括各种媒体报道、政府文件公告、政府及企事业单位的介绍、公示语等实用文体的翻译。[①]

二、外宣翻译的要求

我国的综合国力在逐年提升，对外交流也在持续加强，外宣翻译也因现实需求而得以快速发展。外宣翻译虽不同于其他类型翻译，但其核心还是以中外文互译为主，在忠实原文情况下也不能脱离翻译的共性原则。

如何将具有中国特色的外宣文献翻译得既符合我国国情，又贴近对象国的受众者，让读者能正确、深刻理解原文所表达的内容，这已成为目前研究外宣翻译的重大课题之一。外宣翻译除要考虑其独特性、严谨性等翻译特点外，还需考虑以下几个方面的要求。

① 张健.外宣翻译导论 [M]北京：国防工业出版社，2013：20-24.

（一）读者喜好

外宣翻译的原文本是以汉语为源语言，其词汇大量涉及中国的方针、政策、国家发展战略、外交战略等。翻译外宣材料时，译者不仅要做好中外语言之间的转换，也要搭建好跨国别、跨文化转化的多功能"桥梁"。在翻译时要明确读者是谁，了解读者阅读外宣文献的目的及需求，并结合我国对外宣传的目的进行翻译。只有正确了解外宣对象，才能译出更具针对性的翻译文本，才能使对外宣传文献真正发挥作用，达到外宣翻译的预期效果。因此，在外宣翻译时，注重读者的喜好必须做到以读者为中心，翻译时避免将汉语的"习惯性表达"套用于译语的表达。外宣翻译在忠实原文的基础上，将原文转换成易于读者接受的语言，这样翻译出的材料不再只是"冰冷"的官方术语，而是变为有"温度"且易于读者看懂、读懂和了解的文献。

（二）内外有别

当前，讲好中国故事，传播中华文化，就需要向世界传递中国的声音。然而，当前的国际话语权被西方国家牢牢控制在手中，如何在西方媒体垄断话语权的环境下发出中国声音，在国际舆论斗争中赢得主动权，是目前外宣翻译工作所要解决的重点问题。外宣翻译文献的原文读者为中国人，而作者与读者之间因属于同一背景、同一语系、同一文化，所以读者和原作者之间不存在传递障碍。当原文译成外文后，外国读者就成为真正的接受者，而译者就成为不同文化、背景、宗教等之间相互转化的"桥梁"。作为连接两国"桥梁"的外宣翻译者，要善于发现和分析中外文之间的细微差别和特征，把握两种文化和语言的内在逻辑及表达的差别，从两国不同的思维习惯和语言特征出发。这就要求译者既要精通两国语言，掌握两种语言的表达方式，也要熟悉两种文化，从而保证外宣翻译的翻译质量。

（三）与时俱进

语言是不断发展变化的，在社会发展过程中，都会不断涌现出新词汇。在中国特色社会主义建设过程中，同样出现了大量的新词汇，这些词汇紧贴中国社会发展实际,凝聚了中国共产党人的集体智慧,如"中国梦""一国两制""贪污腐败""道路自信""一带一路"等。由于中外在语言文化、思维方式、意识形态等方面的诸多差异,为了对外宣传,让世界了解中国,在对外传播中往往需要译者通过语境进行适当的解释。《习近平谈治国理政》的汉语和缅语文本中存在大量新的中国特色词汇,翻译好这类词汇,译者需要与时俱进,充分发挥好主体性作用,准确把握新词汇的核心内容,必要时需要加以解释或解读,这样才有利于读者对译文的接收。

三、外宣翻译应遵循的原则

外宣翻译是翻译的一种特殊形式,它不同于文学翻译需要华丽的辞藻和口语翻译的灵活应变能力,外宣翻译更加注重总体性,它是具有很强的目的性、追求原文的真实性和时效性的翻译实践活动。译者不论是翻译文学还是口头翻译都应当遵循"信、达、雅"的标准,外宣翻译追求时效性与真实性,翻译时如过多地加以整述,则会使原文丢失部分真实性,但过于追求真实性和时效性就会使翻译死板,这样不仅不能使读者理解,还会让读者产生疑惑。

因此,译者不仅需要根据得失对外宣翻译进行协调,还需要潜心研究外国文化和外国人的心理思维模式,善于发现和分析中外文之间的细微差异和特点,在此基础上加以修正并将中国特色词汇正确表达出来。

（一）政治性原则

外宣翻译因其特定的受众和特定的目的不同,通常具有较强的输出性,是反映源语政治和文化的"窗口",带有明显的宣传目的和官方色彩。外宣翻译展现的是一个国家的政治立场、国情、原则和形象的特征,为此要求译者在翻译时不能触碰应当遵守的底线,如在翻译时要始终坚持一个中国的原则等,要求译者在外宣翻译时要始终保持严谨性,做到字斟句酌,把握政治分寸。中国特色词汇中有大量的政治术语,其政治色彩非常浓厚。通过外宣翻译的手段处理中国特色词汇中的政治术语时,要特别注意这些词汇概括的范围和鲜明的时代特征。在翻译时要求译者必须有坚定的政治立场,态度要严谨、头脑要清醒、忠实原文、保持高度的政治敏锐性。在对具有特定含义和影响力的词句进行翻译时,首先要以确保原文的准确性为主,其次要做到深思熟虑、反复推敲,把握好政治分寸。

基于此,译者在翻译时既要忠实原文,又要保持明确的政治性原则,将源语信息表达清楚,不能曲解原文中我国的政治方针、理论和政策术语等。

(二)精准性原则

在对外宣传的过程中不同国家的受众群体有不同的特殊需求,接受能力和关联到的信息也都不相同。因此,译者在翻译具有浓厚文化意象的词汇时,不仅要对原文进行梳理,了解原文内容和核心信息,还需要译者在中英语料库中进行对比,寻找类似的文化意象词,并且需要译者辨别次要信息和冗余的信息,保留最有价值的信息进行转译,让读者更加亲切地感受到原文中隐含的情感色彩。对于外宣翻译的精准性原则,张建教授认为:"在译文合乎规范的前提下,基本保留核心信息并剔除冗余信息的译文可宽泛地认为是合格的译文,而更好的译文则在更大程度上体现流畅性和次要信息。"[①] 由此可见,外宣翻译绝不是单纯、机械的两种语言间的互相转化,而是要突出核心信息,并要求具备清晰的条理。

外宣翻译的重要特征是反映客观事实,对信息的时效性有着高要求,其传达信息时应准确、简明和实用,同时要求译文的表达遵循经济达意和可接受的原则。

(三)可接受原则

外宣翻译绝对不是一种单一、机械的中外两种语言间的转化,而是要突出核心信息,反映客观事实,做好传达时效性信息的工作。外宣翻译对译者的要求是要拥有清晰的逻辑能力,正确的价值观能将复杂的事物厘清和表达清楚。外宣翻译的原文均来自汉语,而汉语特点是追求"雅",如古诗词的对照性、声韵对仗、运用大量的修饰词等,使汉语读起

---

① 张健.外宣翻译导论[M].北京:国防工业出版社,2013:33.

来朗朗上口,然而汉语中追求"雅"的此类"华丽辞藻"对于译文却是一种负担,其负担主要体现在:一是在对象国的语料库中难以寻找到相对应的词,二是过于冗杂对翻译造成负担,三是不易于读者理解。因此,在保留原意的情况下,对原文中冗杂的信息可以进行适当的修饰和删减,在翻译时考虑对象国家的语言习惯,通过语句结构、表达方式等进行适当的调整,确保译文呈现出简洁又直观的特性,以便读者能准确无误且顺畅地获取重要的信息。

【理论聚焦】

从中华文化历史的演进角度来审视,推动中华优秀传统文化富有创造性的演绎和创新发展,旨在唤醒这一文化瑰宝的生机,确保其在当今时代中的传承,同时实现其现代化转型。唯有通过进行中华优秀传统文化的现代化改革,方能使其在适应现代社会并发挥其时代价值的同时,为更高层面的价值追求铺平道路,具有深刻的意义。本章在探讨中华优秀传统文化精髓的基础上,研究了中华优秀传统文化国际传播力与影响力,以及中华优秀传统文化传承的重要意义,最后结合本书主题,分析了中华优秀传统文化传播的重要途径——外宣与翻译。

【同步练习】

1. 中华优秀传统文化的精髓有哪些?
2. 中华优秀传统文化的国际传播力表现是什么?
3. 中华优秀传统文化传承的意义是什么?
4. 中华优秀传统文化传播的途径是什么?

【延伸阅读】

1. 李贵卿. 互联网时代中华优秀传统文化的传承与创新研究 [M]. 成都:四川大学出版社,2023.

2. 岳德常. 中华优秀传统文化的创造性转化和创新性发展研究 [M]. 郑州:郑州大学出版社,2017.

3. 魏大威. 中华优秀传统文化与新技术的融合创新发展 [M]. 北京:国家图书馆出版社,2023.

4. 刘刚 . 中华优秀传统文化创造性转化和创新性发展 [M]. 北京：社会科学文献出版社,2022.

5. 金宁,李松睿,韩子勇 . 中华优秀传统文化创造性转化创新性发展研究 [M]. 北京：文化艺术出版社,2019.

第二章

中华优秀传统文化传播与翻译的基础

  众所周知,语言与文化的关系是十分密切的,人们在研究不同语言的过程中,需要利用翻译这一重要的媒介工具。在长期的翻译实践过程中,人们积累了丰富的经验,并形成了一定的翻译理论体系。对翻译理论知识的把握,有助于译者夯实自己的理论知识,进而在翻译实践中更加得心应手。在传播中华优秀传统文化的过程中,同样需要深入理解中西语言之间的差异,在了解二者文化背景的基础上展开精准翻译。为此,本章重点研究中华优秀传统文化传播与翻译的基础。

第一节　语言与文化基础

一、语言解析

（一）语言的含义

语言可以说是一种交际工具,它借助各种系统的、复杂的声音传递形形色色的内容,如各种复杂的情感或包罗万象的意义等。观察角度不同,语言所传递的内容或所表达的感受也是不同的。首先,从形式上分析,语言通过声音传达(即语音)。语音是一个复杂的系统,它是由人的发音器官发出的单个或多个语音单位组成。每个民族都有自己的语音构成成分及特点。其次,从内容上分析,语音传达的具体意义(即语义)既可以是客观世界本身的状态,也可以是人们的主观态度,甚至是虚构的内容。[①]语义由许多具体单位所体现,如词汇、句子等。最后,从组织结构上分析,语言虽然包括语音、语义和词汇,但是语音、语义和词汇只有依靠一定的方法联系在一起,才能表达出一定的内容和思想。而这个联系语音、语义和词汇的方法就称为语法。由此可分析出,语言是一个由语音、语义、词汇和语法构成的复杂的、功能强大的符号系统。

其实,至今语言都没有一个被公认的定义。我们只能从语言学家对语言的相关研究中综合总结出一个定义:语言是人类特有的,是重要的交际工具、思维工具和文化载体,是语音、语义、词汇和语法相结合的符号系统。

从这个定义中我们可以分析出四个方面内容:第一,语言是人类独有的,是其他动物所没有的;第二,语言具有自身的特殊性;第三,语言由语音、语义、词汇和语法组成;第四,语言是人类交际活动和思维活动的重要工具和载体。

---

① 池昌海.现代语言学导论[M].杭州:浙江大学出版社,2007:126.

（二）语言的功能

1. 语言的交际功能

人们运用语言进行交际的过程,实际上就是对信息进行处理的过程。这个信息处理过程具体包括信息的编码、发出、传送、接收和解码。

第一,编码。人们传递信息需要借助一定的语句进行表达。而语句则是由词语组成。也就是说,人们先选择恰当的词语,然后将词语按照语义要求和语法规则进行组织编排,最后组成所要表达的语句。这就是语言的编码过程。在编码时,人们应力求编码清晰、明确,避免失误,防止造成语义表达错误。

第二,发出。编码完成以后,通过发送器把语言形式输出。口语的发送器是发音器官。发送器必须准确地把编成的语言形式输出。

第三,传送。语言形式一旦输出,语义内容随即附着语言形式进行传送。口语的声波负载着语义内容通过空气或信道传送到听话人耳朵里。在传送过程中,信道畅通才能保证信息的正常传送。

第四,接收。语言形式通过信道传送给接收者,接收者通过接收器接收语言形式。在口语交际过程中,听觉器官就是接收器。听觉器官必须准确地辨认语言形式,以避免接收误差。

第五,解码。解码即接收者将接收的语言形式转化为语义内容,以理解传递者传达的信息。如果解码失误,那么信息理解便会出错。

总之,语言是人类特有的交际工具,是人类最重要的交际手段。语言可以不依赖任何其他工具的帮助而独自完成交际任务。若没有语言,人类社会就不可能产生。人类其他的交际工具都是在语言的基础上产生的,不能脱离语言而存在。

2. 语言的思维功能

思维是人脑的特殊机能,是人们认识客观事物时动脑的过程。而思想是思维活动的结果,是人们认识客观事物的结果。语言的思维功能是指语言参与人们的思维,并选择适当的词语和语句记录思想,以便于人们理解思想。

作为交际工具的语言与思维之间有着密切的联系。语言是思想存在的基础，是形成思想和表达思想的工具。在交际过程中，人们利用语言交流思想，而交流思想是语言交际的主要内容。人的思想通过语言记录和固定下来。可见，语言作为交际工具，与人的思想、思维有着密切的关系。

在人的智力活动中，动作思维、形象思维和概念思维紧密联系、相互渗透。人的形象思维和动作思维经过概念思维组织起来，有明确的目的性，而且无论在哪种思维过程中，以语言为工具的概念思维都起着主导作用，组织和制约着全部过程。何况一切思想最终都依赖语句进行传递。

语言除了交际功能和思维功能这两大基本功能外，还具有其他一些基本功能，如施为功能、感情功能、元语言功能等。

二、文化解析

"文化"（culture）这一词语意味着什么呢？它有多种意义。例如，人们认为那些能读会写的人，那些懂得艺术、音乐和文学的人是"文化人"。不同人对文化的理解有不同方式，每一种方式都或多或少有助于我们理解某个过程、事件或关系。遇到陌生人时，第一个被问的问题通常是，"你来自哪里？"这主要是想了解这个人长大的地方或者是想知道这个人之前住在什么地方。我们下意识地认为在同一地方长大或生活的人说同样的语言，有很多相同的价值观，用相似的方式交流，换句话说，他们被认为具有相同的文化。有时我们甚至会认为文化是商品或产品，如玩具、食品、电影、视频和音乐等，并且可以在国际上自由进出口。这些对"文化"印象式的理解不一而足。

实际上，在我国的古代文献中"文化"两个字是分开出现的，"文"的本义为各种颜色交错，"物相杂，故曰文"，"天文"指自然规律，"人文"指人伦社会规范；"化"的本义是改变、变化之意。《说文解字》将"化"释为"教行也"，即改变人类原始蒙昧状态以及进行各种教化活动。从汉代开始，"文"与"化"连缀出现，"文化"与"武力"相对应，是动词，具有"文治教化"之意。近现代所讲述的文化则为19世纪末自日文转译过来的。英文单词culture，源于拉丁文动词cultura，含有耕种、居住、加工、留心、照料等多种意思。随着时间的推移，culture 含义逐步深化，由对树木、作物等的培育引申为对人类心灵及情操的培养，从人类的生产活动逐渐引向人类的精神领域。19 世纪中叶以来，"文化"一词开始具有现代意义，并且随着人类学、社会学等人文学科的兴起，成了这些学科的重要术语。

（一）文化的定义

自从进入近代研究视野，"文化"这一概念在中外学术界不同学科领域曾出现上百种甚至更多的定义。美国描写语言学家爱德华·萨丕尔（Edward Sapir，1921）定义文化为一个社会的行为和思想。理查德·本尼迪克特（Richard Benedict，1930）认为真正把人们凝聚在一起的是他们的文化、共同的思想和标准。美国人类文化学家爱德华·霍尔（Edward T. Hall，1959）提出："文化是人类的媒介。人类生活的方方面面都受到文化的影响和改变。这意味着人的个性、表达方式（包括情感的表现）、思考方式、行为方式、解决问题模式、所居住城市的规划和布局、交通系统的运行和调度以及经济和行政系统如何组建和运行都受到文化的制约。"人类学家克拉克洪（Clyde Kluckhohn，1965）认为就文化而言，人类学意味着一个民族的整体生活方式，即个人从他的群体中获得的社会遗产，或者文化可以被看作是人类创造的环境的一部分。英国语言学家布朗（H. D. Brown，1978）则认为：文化是生活在特定地理区域的人们或多或少共同拥有的信念、习惯、生活方式和行为的集合。

此外，柯恩（R. Kohls，1979）认为文化是指特定人群的总体生活方式。它包括一群人想的、说的、做的和制造的一切。文化学家罗伯逊（I. Robertson，1981）的观点是每个社会的文化都是独特的，包含了其他社会所没有的规范和价值观的组合。荷兰学者吉尔特·霍夫斯塔德（G. Hofstede）在 2001 年提到："我认为文化是将一个群体或一类人与另一个群体或一类人区分开来的思想上的集体程序。'思想'代表了头、心和手——也就是说，它代表了思考、感觉和行动，以及对信念、态度和技能的影响。"

文化定义的多元化说明文化确实是一个庞大且不易把握的概念，虽然各有侧重，这些解读和界定都解释了文化的一个或几个层面。

（二）文化的分类

由于文化的多样性和复杂性,很难给文化下一个明确清晰的定义,对文化的分类也是众说纷纭、不尽相同。我们从一个侧面来看文化的分类,文化也可以理解为满足人类需求的一种特殊方式。所有人都有一定的基本需求,如每个人都需要吃饭和交朋友等。心理学家亚伯拉罕·马斯洛(Abraham Maslow,1908—1970)认为,人都有五种基本需求。

第一,生理需求,这是我们赖以生存的基本需求,包括食物、水、空气、休息、衣服、住所以及一切维持生命所必需的东西,这些需求是第一位的。我们必须满足这些需求,否则我们就会死掉。

第二,安全需求,首先,我们得活下去,然后我们得保证安全。安全需求有两种,身体安全的需求和心理安全的需求,这就是为什么现在各种保险项目越来越受欢迎。

第三,归属感需求,一旦我们活着并且安全了,我们就会尝试去满足我们的社交需求。与他人在一起并被他人接受的需求,以及属于一个或多个群体的需求,如对陪伴的需要和对爱、情感的需要是普遍的。

第四,尊重需求,这些是对认可、尊重和声誉的需求。努力实现、完成和掌握人和事务,往往是为了获得他人对自己的尊重和关注。

第五,自我实现的需求,人的最高需要是实现自我,充分发挥自己的潜力,成为自己可能成为的人。很少有人能完全满足这种需求,部分原因是我们太忙于满足较低层次的需求。

根据马斯洛的理论,人们按上述的顺序满足这些需求。如果把这些需求从低到高比作金字塔的话,人们在攀登金字塔时总是先翻过第一步才能爬上第二层,通过第二层才能到达第三层,以此类推。尽管人类的基本需求是相同的,但世界各地的人们满足这些需求的方式各不相同。每种文化都为其人群提供了许多满足人类特定需求的选择。

人类需求有上述五个层次,文化的分类在一定程度上也契合这几个层次。美国翻译理论家尤金·奈达(Eugene Nida)将文化分为生态文化、物质文化、社会文化、宗教文化和语言文化。英国学者彼得·纽马克(Peter Newmark)则把文化分为生态类、物质文化、社会文化、组织类、手势与习惯等几类。我国学者陈宏薇将文化分为三类,分别是物质文化、机构文化与精神文化。中外研究者根据不同的标准提出了自己对于文化的分类，既有共时、历时的分类，也有学科视角的分类，这几种分类方式均有可借鉴之处。

另一个形象的类比是将文化比为冰山，认为每种不同的文化就像一个独立的巨大冰山，可以分为两部分：水平面以上的文化和水平面以下的文化。水平面以上的文化仅占整体文化的小部分，约十分之一，但它更可见，有形且易于随时间变化，因此更容易被人们注意到。水平面以下的文化是无形的，并且难以随时间变化。它占了整个文化的大部分，约十分之九，但要吸引人们的注意力并不容易。水平面以上的文化部分主要是实物及人们的显现行为，如食物、衣着、节日、面部表情等诸如此类，既包括人们的说话习惯和生活方式，也包含文学作品、音乐、舞蹈等艺术的外在表现形式。水平面以下的文化包含信念、价值观、思维模式、规范与态度等，是构成人的行为的主体。尽管看不到水平面以下的部分，但它完全支撑了水线以上的部分，并影响了整个人类的各个方面。

（三）文化的特征

文化是连贯的、可习得的、一个特定群体对于生活关切之事均认可的观点，这些观点决定事务的轻重缓急，处理问题恰当的态度，并支配人们的行为。这个定义包含了文化的三个特征及文化的三种作用。每一种文化，无论是过去的还是现在的，在自身内部都是连贯和完整的——对整个宇宙的看法。

文化是一个社会共有的。社会成员对事物的看法达成一致，和共同学习文化的所有人一道，包括家庭成员、教师、精神领袖、同龄人，以及法律、政治和教育机构的代表，解释生活经历，证实了他们自己的文化观点。由于他们对这种有效性深信不疑，都认为自己的解释是正确的。群体的动力来自共同的观点，这些观点是一种动态的力量，借此团体能够实现社会目标，如保护经济资源不受无良的外部势力的影响。特定文化中的人们共享该文化的符号，最明显的一组符号是语言。文化也共享视觉符号，如公司标志、图标、宗教图像和国旗等。

对一个群体极为重要的东西对另一个群体可能毫无意义。以财富积累为例,位于太平洋岛屿新几内亚的古鲁乌巴族文化要求富人花费他所有精心积累的财富——猪,来满足其他社会成员的奢侈娱乐需求,在这种情景下,散尽家财满足他人消费欲望是财富的真正意义,因为这意味着给予者心怀感恩,享有很高的威望。但是,美国、中国或意大利的商人却不能理解这一做法,他们一生都在积累财富。在这些文化中,应该节约资源增加财富,而不是在一次大爆发中耗尽。当然,这些文化背景下的商人通常会为慈善事业作出贡献,但他们的文化信仰教导他们要谨慎对待财富,并且要让财富增加。可见,文化会对重要性进行排序,换句话说,文化传授价值观或优先次序。价值观是态度的基础,同时塑造信念,使我们能够评估对自己重要的东西,或将标准应用于态度和信仰。价值观决定了人们在和另一种文化中交流时是对抗还是合作,因而有必要了解在这种文化中起作用的价值观。既然价值观提供衡量事物价值的标准,它表明了一个相对的层级结构,即价值观就是文化优先权。例如,一种文化可能会高度重视诚实,而不太重视付出最少的努力。优先事项因文化而异,当你了解了人们的优先级,你就可以有信心地预测他们对特定情况的反应。

　　态度是后天习得的,它是一种倾向,对相同的物体、情况或想法作出相同的反应,态度是基于价值观对事物的感觉。人们的态度随着价值观的不同而相异。在墨西哥文化中,商业伙伴认为阿姨去世对家人来说很重要,老板应该理解员工因为葬礼和家庭需要而不能在最后期限前完成报告。

　　文化决定了人们如何表现自己。继续前面讨论的例子,在会议上简短地表达对失去亲人的工作伙伴的同情是英国人的做法,如果有较长的合作时间,英国人也会送去慰问卡。然而,在墨西哥,除了口头表达同情,工作伙伴还可能会参加葬礼,送花,提供服务,如接送家庭成员,并访问家庭以示尊重。

第二节　中外语言差异

　　"天人合一"是中国传统哲学观,中国"天人合一"的思想使人们树立了集体主义取向、他人利益取向和以天下为己任的大公无私精神。儒家思想(Confucianism)是集体主义文化的思想根基,汉语文化中更重视一个人是某个集体中的人(a group member)这个概念,所有"个人"被看作是整个社会网中的一部分,不强调平等的规则,而是强调对群体的忠诚。集体主义者对他直接隶属的组织承担责任,如果不能完成这些任务,他们就会感到丢脸。集体主义者对自己群体内的人很关心,甚至达到舍己救人、牺牲自我的地步,对群体外的人可能会很强硬。集体主义文化把"自我肯定"(self assertiveness)的行为看作是窘迫的,认为突出自我会破坏集体的和谐(harmony)。集体主义文化中强调互相帮助和对集体负责。任何个人的事都要在集体的协助下完成,一个人的事也是大家的事,朋友之间对个人事务要参与和关心。与集体主义(collectivism)和利他主义(altruism)相伴随的是无私的奉献精神(spirit of utter devotion),当国家、社会和他人的利益与个人利益相冲突时,传统道德价值观往往教育我们要舍弃个人利益,以国家、集体和他人利益为重,把国家、社会和他人的利益放在个人利益之上,这种无私奉献、公而忘私的精神一直受到社会推崇,受到民众敬仰。

　　西方哲学观自古倾向于把人与大自然对立起来,即天人相分,强调人与大自然抗争的力量。所以,西方重个人主义、个性发展与自我表现。西方的个体主义思想的哲学根基是自由主义(liberalism),它的基本主张是每个人都能做出合理的选择(make well-reasoned choices),有权依照平等和不干涉的原则(equality and non-interference)去过自己的生活,只要不触犯别人的权利,不触犯法律和规章制度,他们有权利追求个人的兴趣和爱好,一个好的公民是守法(law-abiding)和讲究平等的人(egalitarian)。在个人主义高度发达的社会中,它的成员逐渐学会并擅长表达自己的独特性(uniqueness)和自信心(self-confidence and assertiveness），表达个人的思想和情感，对于不同意见公开讨论，这些都是人们看重的交流方式。他们不害怕别人的关注（attention），因为这种关注才能证明他们的独特性。

英汉语言有各自的特点。英语句子有严谨的句子结构。无论句子结构多么复杂，最终都能归结为五种基本句型中的一种（主语＋谓语／主语＋系词＋表语／主语＋谓语＋宾语／主语＋谓语＋间宾＋直宾／主语＋谓语＋宾语＋宾补）。英语句子结构形式规范；不管句型如何变化，是倒装句、反义疑问句还是 there be 句型，学习者都可以从中找到规律。英语句子还采用不定式、现在分词、过去分词、引导词以及连词等手段使句子简繁交替，长短交错，句子形式不至于流散。而汉语句子没有严谨的句子结构，主语、谓语、宾语等句子成分都是可有可无，形容词、介词短语、数量词等都可以成为句子的主语。一个字"走"，也可以成为一个句子，因其主语为谈话双方所共知，所以不用明示其主语。汉语句子，不受句子形式的约束，可以直接把几个动词、几个句子连接在一起，不需要任何连接词，只要达到交际的语用目的即可，句子形式呈流散型。英汉两种语言的区别概括如下。

英语
- 法治 → 句法结构严谨（句法结构完整）
- 刚性结构 → 形式规范（有规律可循）
- 显性 → 运用关联词来体现句子的逻辑关系（形合）
- 语法型 → 主谓一致、虚拟语气等语法规则（语法生硬，没有弹性）
- 主体性 → 句式有逻辑次序，句子重心
- 聚焦型 → 用各种手段使句子从形式上聚焦在一起（像一串串葡萄）

汉语
- 人治 → 没有严谨的句法结构，可以依据具体情况而定
- 柔性 → 结构形式多样，比较灵活
- 隐性 → 很少用到，甚至可以不用任何形式的连接手段（意合）
- 语用型 → 只要达到交际目的即可，以功能意义为主
- 平面性 → 长短句混合交错，并列存在
- 流散型 → 句子似断似连，组成流水句

综上所述，英语是以形寓意，汉语则是以神统法。下面就从意合与形合、句子重心差异两方面进行具体阐释。

一、意合与形合

意合（parataxis）即词与词、句与句的从属关系的连接不用借助连

词或其他语言形式手段来实现,而是借助词语或句子所含意义的逻辑关系来实现,句子似断似连,组成流水句,语篇连贯呈隐性。中国的唐诗、宋词在建构语篇情境时,采用的就是意合。"形合"(hypotaxis)常常借助各种连接手段(连词、介词、非限定性动词、动词短语等)来表达句与句之间的逻辑关系,句子结构严谨,连接关系清楚。句与句、段落与段落之间彼此关联、相得益彰,像摆在我们面前的一串串葡萄。

（一）意合语言

汉语中很少用到甚至不用任何形式的连接手段,而比较重视逻辑顺序,通常借助词语或句子所含意义的逻辑关系来实现句子的连接,因此汉语是一种意合语言,句与句之间的连接又称"隐性"(implicitness/covertness)连接,汉语句子可以是意连形不连,即句子之间的逻辑关系是隐含的,不一定用连接词,这无论是在中国的唐诗、宋词、元曲等古文作品中,还是在现代文作品以及翻译中都体现得淋漓尽致。

苏轼的《水调歌头》：

明月几时有？把酒问青天。不知天上宫阙,今夕是何年。我欲乘风归去,又恐琼楼玉宇,高处不胜寒。起舞弄清影,何似在人间。转朱阁,低绮户,照无眠。不应有恨,何事长向别时圆？人有悲欢离合,月有阴晴圆缺,此事古难全。但愿人长久,千里共婵娟。

全词言简意赅,没有借助任何连接手段,而是完全借助隐含的意义上的逻辑关系,完成了整个语篇意义的建构,以月抒情,表达了词人在政治上的失意,同时也表达了他毫不悲观的性格。

在现代文中这样的例子也比比皆是,下面就是一例。

到冬天,草黄了,花也完了,天上却散下花来,于是满山就铺上了一层耀眼的雪花。

可以看出汉语句子的分句与分句之间,或者短语与短语之间,在意思上有联系,但用很少的关联词连接每个分句或短语。英语中也有意合结构,但这种情况很少,句句间可以使用分号连接。

（二）形合语言

英语有严谨的句子结构,句型有规律可循(倒装句、反义疑问句、祈使句、疑问句以及 there be 句型等），语法严格而没有弹性（主谓一致、虚拟语气、情态动词用法、冠词、介词、代词、名词的格和数、时态及语态等），常常借助各种连接手段（连词、副词、关联词、引导词、介词短语、非谓语动词、动词短语等）来表达句与句之间的逻辑关系，因此英语是一种重"形合"语言，其语篇建构采用的是"显性"（explicitness/overtness）方式。例如：

So far shipment is moving as planned and containers are currently en route to Malaysia where they will be transshipped to ocean vessel bound for Denmark.

到目前为止，货运按计划进行中。集装箱货物正在驶往马来西亚的途中，在那里将被转为海运，开往丹麦。

英语中有时需要用 and 把词与词、句与句连接起来，构成并列关系。如果 and 删掉，就违背了英语中严谨的句法规则，此句也就变成了病句。在汉语翻译中，and 不必翻译出来，句子意义的表达也很清晰。

在复合句的表达上，英汉两种语言存在着形合与意合的不同，即在句与句之间的连接成分是否保留上二者有本质区别。英语以形合见长，汉语以意合见长。通过对上面英汉句子的对比我们可以看出，英译汉的过程中一些连接词的省译可以使译文更具汉语意合的特点，反之亦然。也就是说，在进行两种语言的翻译时，要考虑到这两种语言的特点，做必要的衔接连贯手段的增添或删减。

二、句子重心差异

中国人和西方人截然不同的逻辑思维方式，导致了两种语言句子结构重心（focus of sentence）的差异。英语重视主语，主语决定了词语及句型的选择。主语可以是人也可以是物。西方人还经常使用被动语态来突出主语的重要性。汉语重话题，开篇提出话题，再循序渐进，往往按照事情的发展顺序，由事实到结论或由因到果进行论述，所以在汉语中多使用主动语态。英语重结构，句子比较长，有主句有从句，主句在前从句在后，甚至于从句中还可以再包含一套主从复合句，句子变得错综复杂。每个句子就像一串串葡萄，一个主干支撑着所有的葡萄粒。主句就是主干，通常放在句子的最前面。汉语重语义，句子越精练越好，只要达到表意功能即可。

综上所述,英语句了的重心应该在前,而汉语句子的重心应该在后。这点在翻译中所起的作用是不言而喻的。在翻译过程中,为了突出对方的重要地位,经常使用被动句,把对方放在主语的位置上。为了让对方迅速了解信函的目的,开篇就要点明写作意图,然后再做解释说明。与此同时,必须弄清楚整个句子的句法结构,找到句子的主干以及分清句子中各成分之间的语法关系,即找出句子的主干,弄清句子的主句,再找从句和其他修饰限定,把重要信息放在主句中。例如:

我们打交道以来,您总是按期结算货款的。可是您 L89452 号发票的货款至今未结。我们想您是否遇到什么困难了。

Please let me know if you meet any difficulty. Your L89452 invoice is not paid for the purchase price. Since we have been working with you, you are always on time.

汉语句子开篇提出话题,然后再说明所发生的事情,最后说明信函的目的,句子重心在后。英语句子则不同,开篇就说明了信函的目的,而且以对方为主,表示对对方的尊重,句子重心在前。

我公司在出口贸易中接受信用证付款,这是历来的习惯做法,贵公司大概早已知道。现贵公司既提出分期付款的要求,经考虑改为 50% 货款用信用证支付;余下的 50% 部分用承兑交单 60 天远期汇票付清。

Your request for payment in installments, with 50% of the payment by credit card, and the remaining by D/A 60 days' sight draft, has been granted despite the fact that it's an established practice for our company to accept L/C in our export trade as you probably already know.

汉语由几个短句构成,先谈规则,再谈按照对方要求所做的改动(即最终结果)。英语句子仅仅用了一句话,借助介词短语、状语从句、方式状语从句等把所有的信息都涵盖了。句子错综复杂,理清句子结构显得尤为重要。句子中最重要的信息被放在了句首,也是句子的主干。为了达到这一目的,句子用物作主语,并使用了被动语态,突出了主句。主句 Your request for payment in installments has been granted 才是句子的重心。

The J. Paul Getty Museum seeks to inspire curiosity about, and enjoyment and understanding of, the visual arts by collecting, exhibiting and interpreting works of art of outstanding quality and historical importance. To fulfill this mission, the Museum continues to build its collections through purchase and gifts, and develops programs of exhibitions, publications, scholarly research, public education, and the performing arts that engage our diverse local and international audiences.

J. 保罗·盖蒂博物馆通过购买或接受赠品来扩大其收藏，举办展览活动，出版作品，开展公共教育，通过表演活动吸引当地观众和国际观众。J. 保罗·盖蒂博物馆这样做的目的是通过收集、展览以及诠释高质量的、杰出的、具有历史意义的艺术品，来激发人们对视觉艺术的好奇心，促进人们对艺术品的理解和欣赏。

相比较而言，英语总是能"直戳要害"，开门见山地点出句子的重点和主题。我们平时阅读双语文章，有时候遇到汉语读不太懂的句段，反而看对应的英语翻译会觉得豁然开朗，大致原因也是要归功于英语的直观性了。

第三节　中外文化差异

一、螺旋型思维模式

中国人的思维模式是螺旋型的流散型思维模式。整个思维过程按事物发展的顺序、时间顺序，或因果关系排列，绕圈向前发展，把做出的判断或推理的结果，以总结的方式安排在结尾，也就是先说事实、理由，再得出结论。行文如行云流水，洋洋洒洒，形散而神聚。例如：

昨晚，我厂发生了火灾，虽然最终扑灭，但是部分货物还是受损严重，其中有本打算周末发往您处的沙滩帐篷。我厂将尽快赶制一批帐篷，望您方将收货日期延长至下月月底。

汉语思维：A fire broke out in our warehouse last night. Though it was put out soon, part of the stock was seriously damaged, including the tents which had been intended to send to you this weekend. We will try hard to produce a new consignment, and we hope that you can extend delivery to the end of next month.

英语思维：We will be grateful if you could extend delivery of the tents to the end of next month. A fire broke out in our warehouse last night, and destroyed part of the stock which we had intended to ship this weekend. We are trying hard to produce a new consignment to replace the damaged ones.

我们试着从买方看到汉语思维译本可能作出的反应的角度来分析一下,括号内为买方的可能反应。A fire broke out in our warehouse last night. (Oh, sorry to hear about that. 仓库着火,深感同情。) Though it was put out soon, part of the stock was seriously damaged, (still, sorry to hear about that. 库存损失严重,还是深感同情。) including the tents which had been intended to send to you this weekend. (What! 什么? 我们买的帐篷也烧了? 惊愕!) We will try hard to produce a new consignment, (oh, yeah? 你们在赶做我们的货啊?) and we hope that you can extend delivery to the end of next month. (Why don't you say it at first? 要推迟交货日期到下月末,哎呀怎么不早说呀!)。相比而言,英文思维译本显然就比汉语思维译本好多了。开篇就先把与买方息息相关的内容做了阐述,态度也会显得比较诚恳(We will be grateful if),不像汉语思维译文,会有推诿之嫌,引起对方的不快。在翻译中,不能按照汉语的思维方式来翻译,否则,会导致交际失败,甚至影响贸易的顺利进行。

二、直线型思维模式

在思维方式上,西方人理性思维发达,具有严密的逻辑性和科学性,是直线型思维模式。他们往往以直线推进的方式进行严密的逻辑分析。在语言表达上表现为先论述中心思想,表明观点,而后再对背景与事件起因、经过、结果等分点阐述说明。在建构语篇时,他们也习惯于开篇就直接点题,先说主要信息再补充说明辅助信息。在翻译过程中,应该按照西方人的思维模式:先点题,再阐述具体信息;结果放前,原因放后;先中心思想,后具体细节信息;先主要信息,后次要信息或辅助信息。例如:

You will receive an itemized statement on the thirtieth of each month, as the enclosed credit agreement specifies.

按照附件中的信用卡使用协议,每月 30 日收到详细账单。

英语思维方式是先主要信息(receive an itemized statement),后辅

助信息（as the enclosed credit agreement specifies）；汉语思维方式是把主要信息放在后面（即每月 30 日收到详细账单）。

We will open the L/C as soon as we are informed of the number of your Export License.

我们收到你方的出口许可证号，就开信用证。

英语思维方式是先目的（open the L/C），再提条件（we are informed of the numberof your Export License）。汉语思维方式是先提条件（收到你方的出口许可证号），再说明要达到的目的（开信用证）。

【理论聚焦】

翻译作为一种信息交流的方式和渠道，其基础原则在于准确、通顺。本章主题是中华优秀传统文化传播与翻译的基础，因而首先对语言的含义、功能等知识展开论述，进而探讨了文化的理论知识，如文化的定义、分类、特征等。在此基础上，进一步探讨了中西方语言、文化差异，涉及意合语言、形合语言、句子重心、螺旋型思维、直线型思维等，帮助读者深入了解这些知识点的理论内容。

【同步练习】

1. 语言的功能是什么？

2. 文化的特征有哪些？

3. 中外语言差异体现在什么地方？

4. 中外思维模式差异的表现是什么？

【延伸阅读】

1. 白靖宇. 文化与翻译（修订版）[M]. 北京：中国社会科学出版社，2010.

2. 包惠南. 文化语境与语言翻译 [M]. 北京：中国对外翻译出版公司，2001.

3. 陈坤林，何强. 中西文化比较 [M]. 北京：国防工业出版社，2012.

4. 成昭伟，周丽红. 英语语言文化导论 [M]. 北京：国防工业出版社，2011.

5. 方梦之. 英汉翻译基础教程 [M]. 北京：中国对外翻译出版公司，2005.

第三章

中华优秀传统文化翻译的文化障碍探讨

众所周知,语言与文化的关系是十分密切的,人们在研究不同语言的过程中,需要利用翻译这一重要的媒介工具。在长期的翻译实践过程中,人们积累了丰富的经验,并形成了一定的翻译理论体系。对翻译理论知识的把握,有助译者夯实自己的理论知识,进而在翻译实践中更加得心应手。本章对中华优秀传统文化翻译的文化障碍展开分析。

第一节 汉译英的原则与策略

一、汉英翻译的原则

（一）连贯原则

连贯指的是译文必须符合语内连贯，了解译文文本内及其与目的语文化之间的关系，译文具有可接受性和可读性，应使受众理解并在目的语文化及使用译文的交际语境中有意义。诺德认为，如果目的要求与语内连贯不一致，语内连贯的概念就不再起作用。

（二）忠实原则

忠实原则要求译者对翻译过程中的各方参与者负责（目标语读者和原文作者），忠实于原文作者是忠实原则的核心所在，在此基础上，在译文的翻译目的与作者本意之间进行适当的调和。好的翻译应该以交际目的和忠诚的翻译原则为基础。

二、汉英翻译的策略

（一）直译

直译是一种保留原文内容和形式的方法。一个成功的翻译应该保持译文的可读性，并在此基础上尽量再现原文的内容和源语言的文化内涵。用目的语中最恰当、最贴切的词语直接翻译源语所指内容，不仅可以帮助读者直接理解原文的字面意思，感受源语文化，同时也有助于源

语义化的传播,最大限度地保持地方特色。例如:

朵菊下,龟背纹外,黄色菱形纹内填绿、红色方棋纹。

Under the chrysanthemum, outside the turtle-back patterns, yellow argyles are filled with green and red checker patterns.

"龟背纹"是一种中国民间装饰图案,呈连续六边形,因其形状酷似龟背而得名。同时,中国古代认为龟可以预知好运和厄运,也是长寿和吉祥的象征。作为壮锦的一种图案,龟背纹被赋予了吉祥的含义,具有健康长寿的希望之意。龟背的象征有着悠久的历史和独特的中国特色。因此,作者直接将其翻译为 turtle-back patterns,以保留其原本的文化内涵。

(二)音译加注

音译加注可用于在目的语中难以找到语义对应和文化对等的文化空缺词翻译。音译加注不仅保留了源语的发音和文化特征,而且传达了源语的含义和文化内涵,避免了因文化意象错位而导致的交际失败。例如:

壮族人信奉"花婆",其又被称为"花王圣母",是专门掌管人间生殖的大神。

Zhuang people believe in "Huapo", who is also called "Hua Wang Sheng Mu". She is the god in charge of human reproduction.

Annotation: Huapo is a flower goddess of Zhuang people.

"花婆"和"花王圣母"是文化名称。文化名称不仅具有名称的指称功能,还包含文化内容和背景语义。由于文化发展的特殊性,文化名称的翻译在目的语中没有对应的词,因此可以采用音译。"花婆"是壮族民间的花神。由于汉英文化的差异,无法找到意义完全对等的词语。这两个词都是具有传统文化特征的文化负载词,读者并不熟悉。采用音译加注的方法可以保留壮族文化特色,同时也能让读者理解其中的含义。

因为她的母亲断言她命里克夫克子,所以没人敢娶她。

Her mother asserted that she was destined to kefu and kezi, so no one dared to marry her.

Annotation: Kefu and kezi: a superstition in China's feudal society, which believed that if a woman is destined to kefu and kezi, her fate will be harmful to her husband and children.

众所周知,文化和语言是相互影响的。翻译不仅是两种语言的转换,也是两种文化的交流。文化差异的转化,尤其是对于外国翻译和少数民族文化的传播,一直是翻译的难点。因为少数民族在长期的发展过程中形成了独特的文化,其中包含了大量的文化负载词。文化负载词是指在一定的文化背景下具有特殊含义的词语。从文化交际的角度来看,它也可以理解为翻译中的词汇空缺,即在源语和目的语之间没有对应的词语表达相同的内涵。"克"是中国一种迷信文化,认为人生来就有可能与某人的生肖、五行、父母或丈夫格格不入的命运。在中国古代,人们认为一个女人的面相或命运中如果有不利于丈夫或孩子的因素,就叫作"克夫"或"克子"。这里的"克"一词反映了文化内涵。在翻译时,在保证其传播中国文化的同时,也要考虑其可接受性,以便不同文化背景的目标读者能够理解和接受。作者采用音译加注的方法,可以为目的语读者创造特定的文化语境,减少陌生语境造成的隔阂感,提高对中国文化的接受度。

(三)意译

根据文化翻译理论,翻译不仅要停留在语码重组和语言结构转换的过程中,还要注重源语文化与目的语文化的平等交流,从而使源语文化和目的语文化在功能上尽可能对等。翻译文化类文本时,译者应准确再现源语文本的含义、风格和表达方式,深刻理解和正确把握源语文本所承载的文化信息和文化内涵,并在目的语中完整再现。意译是指摒弃源语字面意义的表达形式,把握深层文化内涵,利用目的语与源语文化的对等词汇传递源语文化信息的翻译方法。在翻译过程中,意译可以更好地以目的语读者可以接受的方式传达文本中的文化。例如:

从此百鸟飞翔,百兽欢乐。

From then on, birds and animals were happy and harmonious.

在词典和翻译软件中,"兽"被翻译为 beast。而在西方国家,beast 代表的是危险而凶猛的动物。在柯林斯词典中,beast 指的是"大型、危险或不寻常的动物"。而原文所要表达的是动物们披上布罗陀染色的彩线后快乐与宁静的气氛。如果"兽"被翻译成 beast,会破坏原文所创造的文化环境。同时,作者认为"百鸟飞翔"只是为了表达出"百兽欢

乐"的气氛,不必在译文中逐字翻译。因此,经过考虑,作者将其翻译为
birds and animals were happy and harmonious。

第二节　文化差异对汉英翻译的影响

　　语言的语义和语境会因为地区的历史文化不同、地域文化差别而发
生变化,如果对相关的文化背景不了解,在理解单词或者语段含义上就
容易出现错误。历史文化是民族或者国家经历长期的历史发展而形成
的,民族和国家的发展经历不同,文明境遇存在差异,这也会导致语言
背后积累的文化存在差异。例如,在歌曲 *Viva La Vida* 中,One minute I
held the key 一句中的 key 一般是指"钥匙",而词组 hold the key 有"掌
握关键"的含义,结合歌曲的创作目的是描述和展现法国国王路易十六
的一生,这句歌词通常被翻译为"我曾经手握大权",但考虑到历史上的
路易十六本身是一名喜欢将制作锁具当作爱好的国君,此处的 key 显然
就是指"钥匙"这一本意,是对路易十六爱好的描述,而非对"政权"或
者"权柄"的暗喻。这种翻译的失误就是因为历史文化的差异,让翻译
者对词句的理解出错,最终造成了翻译错误。不同的国家与民族都有自
己的特殊历史环境,这些特殊历史环境又催生了独具特色的文化现象和
历史典故,如果不能正确理解这些典故,那么翻译就无法诠释语言背后
的历史含义,甚至可能造成对词义本身的错误理解。

　　另一种地域文化是基于地域环境和自然条件所形成的文化见解,
因为生活环境和经历的自然生态差异,即使在相同事物上,各民族或者
国家的群众也会有不同的见解,这种见解上的差异便是由地域文化造
成的文化差异。例如,我国一般将"东风"理解为"春日之风",在中文
语境下"东风"一般象征着万物的复苏和生机的焕发,如"江南二月春,
东风转绿苹""东风驱冻去,万品破阳辉",这些诗句中的东风象征着新
生。而在英国等英语国家,由于地域和气候环境的不同,在这些国家的
语境中"东风"一般指代冰冷的风,在作品中象征着肃杀和凄凉,如狄更
斯的作品就写过"How many winter days have I seen him standing blue-

nosed in the snow and east wind." 此处的 east wind 显然并非和中文语境中一样象征希望和新生,而是对冬日凄冷环境的描绘和映衬。不同的历史和地域造成了不同语言的文化差异,在英语翻译中,译者必须理解和重视这层差异,才能准确传达出语句的含义,完成文化上的交流。

在文化差异背景下,英语翻译存在一些主要问题。

一、语用失误

语用失误是指翻译时因忽略了两种语言的表达习惯或功能差异而造成的失误。具体表现在两方面。一是要去掉或精简原文中的信息。例如,在描述某支纪律严明、协调性高的队伍时,中文一般会用"阵容整齐的团队"来描述,但如果翻译成 Array of the team,那么原句中对团队的赞美和形容就无法体现,表现不出整齐雄伟的意境,因此可以翻译为 A team with a neat lineup 来完成对团队的修饰,体现团队的纪律性。二是没有对素材中独有文化现象进行专门的翻译。语言交流中蕴含了诸多历史元素,关系到很多地名、人名以及历史事件。在进行翻译之后,在某一国家或者民族中家喻户晓的一些历史事件对于外国人而言很难理解。例如,"八项条件"一词在中文中特指"国共和谈八项条件"这一历史事件,但如果将其直接翻译成 eight terms,那么受者只能从字面含义上粗浅地理解为"八个条件",使其理解出现偏差,所以在翻译实践过程中必须充分考虑历史事件的影响,避免将其单纯地按照字词理解来翻译。同时,要结合语言涉及的历史背景和文化背景进行针对性的语言转化,才能保证语意的准确传达。

二、语言失误

语言失误一般来说归结于文化性翻译偏差,属于译文中违背语言规范的问题。对于这一问题来说,首先是语言表达方式存在错误,如长江的翻译 Yangtze River,如果前面使用冠词,并不明确是使用 a 还是 the,因此常常出现冠词使用不统一的情况。其次是拼写以及语法出现漏洞,由于中英文的语用习惯和语言逻辑不同,很多在中文语境下成立的语言在英语中却很容易出现拼写及语法偏差。例如,"吃饭了吗?"这句话作为问句在中文语境中不需要给出主语就能让被问者明白其询问对象,

第三章
中华优秀传统文化翻译的文化障碍探讨
49

但是在英语中,询问对方是否吃饭必须有明确的指代对象,因此该句要翻译成"Have you had dinner？"如果没有you,那么这句话就属于语法翻译错误。因为文化背景和思维逻辑的不同,在翻译实践中必须站在翻译语种的角度考虑,如果不注重翻译语种的用语逻辑,就会导致语序不通。再如,如果将"军人使用过的手枪"翻译为Soldier pistol used则明显存在错误,原文实际属于短语,手枪属于核心词,同时手枪属于可数名词,往往无法独立使用,需要在之前加a或the,准确的翻译是The pistol used by the soldier,这样的用词才算合理,若没有深入准确了解英文公示语的特征,在翻译过程中很容易出现用词不合理的问题。

三、文化失误

中西方发展历史的不同造成了人文思维以及思想方式的不同,若无法清楚了解这一问题,在进行翻译时必然会导致很多文化偏差。文化翻译失误属于功能性翻译失误,是必须解决的问题。例如,关于"农民起义"的翻译,有人会将农民翻译成peasant,但peasant这个词具有阶级属性,代表了一种社会阶级,更加强调人的出身及等级。对于英文的日常用语而言,这样的翻译表现出一定的歧义,是一种缺少礼貌或教养的说法。而"起义"在中文语境中本身是对农民反抗行为的肯定,尤其在我国的革命文化中,农民阶级属于红色文化的重要组成部分,属于无产阶级的核心力量,对我国革命最终取得胜利意义重大,具有非常强烈的褒义色彩。因此,上文中选择peasant一词就与中国文化背景中对农民起义的情感认同出现严重偏差,导致情感上的重大失误,很容易给受者带来错误引导,让受者误以为在中文语境下对农民起义行为的态度偏中立甚至贬义。

第三节　汉译英中文化空缺的对策

一、文化缺位翻译理论

因为文化缺位的存在,很容易出现翻译失误。当原文本在单词上有错误,而翻译的目的是完全保留原文本并按字面意义进行翻译时,则翻译人员应翻译错误而不进行更正,否则会导致翻译失误。但是,当原文本是需要准确翻译的科学或技术论文时,翻译人员应纠正在这种情况下发现的错误。如果将翻译失误定义为未能执行翻译摘要中所隐含的说明,并且无法充分解决翻译问题,则翻译失误可分为四类:实用性翻译失误、文化性翻译失误、语言翻译失误和特定文本的翻译失误。诺德说:"文化性翻译失误是由于在复制或改写特定文化习俗方面没有作出适当的翻译决定而造成的"。

下面针对文化性翻译失误来具体分析。

(一)语言维度

1. 拼写错误

(1)英文单词拼写错误

单词拼写错误主要因译员工作不细致或是印刷制作人员出现纰漏。例如,"象山"翻译为 Elephant Hill,"节约用纸"翻译为 Use less paper。

(2)不符合英文构词法规范

一些英译文本显然不符合英语的构词法规范。如"灰冠鹤"译为 Grey Crown-Crane。陆国强的《现代英语词汇学》中复合词构词法相关章节有载,连接形容词和带 –ed 词缀变成形容词的名词,构成形容词性前置复合修饰语。例如, a well-educated woman 即一位教养很好的女士。并且,《连字符"-"后首字母的大小写》中提到,"实词—实词"——
前后首字母均用大写,即连字符前后均为实词时,两个词的首字母均大
写。因此,正确译法应是 Grey-Crowned Crane。

2. 语法错误

语法错误作为翻译易犯的第二大错误,主要源自译者语法不过关
或直接使用机器翻译结果而不加修改。例如,"离岛请往此方向"译为
Please toward this direction to leave the island,此处 toward 的用法有待
商榷,可以改译为 Please leave the island this way。

3. 标点符号误用

例如:
为了您的安全,如有高血压、心脏病、哮喘病、饮酒后、老龄人和身
感不适的人群不宜登山。

For your safety, the people with hypertension heart disease. asthma,
and the old people as well as the drunken persons can't climb the mountain.

当中存在多处标点符号使用错误,如并列名词中间逗号缺失、逗号
后不空格、逗句号混用、单引号误写作"、"等。另一种标点符号误用问
题则是在翻译过程中忽视了符号的转化。如"【爱情岛 】"译为【Love
Island 】,字面翻译无疑义,但中文中的某些标点符号是英语中没有的,
英文中括号包括"( ), [ ], ｛ ｝"。因此,此处译文可以处理为 Love Island
或 [Love Island]。

(二)文化维度

翻译人员并非单纯的文字转换工具,特别是在翻译信息型旅游英语
文本时,译者要尤其注意文字背后的文化转换,要使译文读者在阅读译
文时大体获得与原文读者相同的感受。

1.语气的转变

有别于口语,书面语语气更多强调字里行间的感情色彩,能表达作者的态度,也能影响读者的理解。比如,"爱护绿草 请勿践踏"译为 Keep off the grass,译文确是英语国家对"请勿践踏草坪"的普遍译法,但中文除去传达"请勿践踏草坪"的指令之外,还蕴含了对人们保护环境的告诫,这一点在英文译文中毫无体现。不如将其改译为 Color our city green with well-attended grass,译文中蕴含的温情与原文基本达成一致。

2.刻板译文

一些译文只做到了单纯的字句对应。例如,"保护环境 从我做起"译为"Protecting the Environment Starts from Me."就属于死板直译。建议跳出原文的句式区域,改译为"Everyone Should Protect the Environment.",言简意赅地表达了原文的呼吁目的。

3.专有名词、俗语的翻译失误

(1)专有名称翻译失误
例如:
靖江王府共有 11 代 14 位靖江王在此居住过,历时 280 年之久,系明代藩王中历史最长及目前全中国保存最完整的明代藩王府。
There were 14 Jingjiang Prince of 11 generations lived here for over 280 years. It is the best preserved imperial palace of Ming dynasty in China.
在这句话中,译员将"藩王府"翻译成 imperial palace。但事实是,即使有人不是皇帝的亲戚,当他在战场上作出了巨大贡献并赢得战争胜利时,他也将被授予"藩王"的头衔和居住的王府。"藩王"并不总是翻译成 prince,译者可以将其翻译为 seignior,这是指封建领主的意思,他们通过封建分配获得其土地。
(2)俗语翻译失误
例如:
被誉为"漓江明珠""漓江零距离景区"和"桂林山水甲天下,山水兼奇唯冠岩"。

Being zero distant to Lijiang River, it is famed as the Pearl on Lijiang River and there is even a poem attributed to it, which goes "While Guilin scenery tops the world, the Crown Cave area tops Guilin with its unparalleled beauty in both its hills and waters".

在此翻译中,译员翻译了原文本中存在的俗语,目的是赞美皇冠洞风景区的美丽。但是,这种翻译是否适当以及如何改进它仍然值得商讨。由于俗语应该使读者朗朗上口和记住,因此需要考虑用对仗和押韵来加以改进。在此翻译中,前半部分的单词数几乎是后半部分的数量的三分之一,不符合押韵的要求。因此,这种翻译可以翻译如下:east or west, Guilin landscape is best; mountain and river, the Crown Cave Scenic Area is wonderful。

（三）交际维度

翻译应该以读者为中心,重视译文所产生的社会影响,通过传达准确、真实的信息来重现原文要旨,尽力为译文读者创造出与源语读者所获得的尽可能接近的效果。例如,在旅游英语翻译中,有些景区官方与游客存在天然的信息不对等,因此需要借助旅游英语公示语来缩小二者对于景区了解的差异。

1. 用词不当

例如:

奉献一份爱心 点燃一片希望。

Dedicate a Love to Light a Hope.

显然,dedicate 虽然有"奉献"的含义,但它与 love 并不匹配,因此用在此处是不合适的,可以改译为:

Devote Your Love to Light up the Hope.

2. 重点不明确

例如：

抗旱护林防火喷淋时段路滑积水，请注意避让。

It is easy to accumulate water in the spraying water of drought resistance and fire prevention, please avoid the time and place.

原文想要传达的含义是"请游客注意避让积水，积水是在抗旱护林防火喷淋中形成的"，重点在呼吁游客避让积水上，但译文把表意重心放在了积水是如何形成之上，喧宾夺主的同时也让原本清晰易懂的语言变得晦涩难明。因此，可以改译为：

Please avoid the water accumulated by water spraying for drought resistance and fire prevention.

3. 译与不译

在翻译工作开始前，译者应该先思考一个问题：这句话有必要翻译吗？景区英语译文的主要读者应该是能读懂英语的外国游客。因此，从文本内容来看，一些明确针对本国游客的条款实际上并没有翻译的必要。例如：

桂林市市民（含 12 个县）凭本人居民身份证入园。

Citizens and students of Guilin (including 12 counties) can enter the garden with ID card and Student Card.

原文的主语明确指向桂林市市民，这一条款不必向广大外国游客公告，因此不用翻译。

4. 冗余

有些英语语汇简洁，措辞精确，只要不影响准确体现特定的功能、意义，仅使用实词、关键词、核心词汇，而冠词、代词、助动词等就都可以省略。简洁是公示语的灵魂，冗长公示语的交际功能将会大打折扣。例如：

温馨提示 Kindly Reminder

其中的 kindly 就没有承载有效信息，属于冗余。参考西方对于"温馨提示"翻译的平行文本，可将译文简化为 Reminder。

5.一名多译

影响交际功能的还有翻译中普遍存在的一名多译问题。这可能是翻译完善过程中由于分批翻译、译者更迭等造成的遗留问题。例如，"无障碍通道"被分别翻译为 No Disturbance Way，Barrier-free Path 和 Accessible Way，虽然三个译文都没有明显错误，但同时用以指示"无障碍通道"便会让人心生疑问。因此，上文可以考虑统一改译为 Accesible Pathway。

二、文化空缺处理对策

（一）归化

所谓归化，就是译者从译入语读者的立场出发将源语中的异国情调变译成读者喜闻乐见的本国风味，或是在表达方式上，或是在文化色彩上。这是一种"读者向的"（reader-oriented）或"目标语文化向的"（target language oriented）翻译。其特点就是译文生动流畅，语言地道自然，意义清楚明白，读者好读好懂。

这种策略常用于中国传统翻译，特别是文学翻译。林纾一生翻译了大量的外国文学作品，基本上都采用归化翻译。英国翻译家、汉学家大卫·霍克斯（David Hawkers）在翻译中国文学名著《红楼梦》时，也采用了归化翻译。例如，书名《红楼梦》他译成 *The Story of the Stone*，其中有关文化冲突或文化空缺的语词都采取了归化翻译。例如：

这几年，在杭州的钱塘江边，高楼大厦如雨后春笋般地涌现。

During this couple of years, high buildings and large mansions have sprung up like mushrooms along the Qiantang River, in Hangzhou.

原文是"雨后春笋般地涌现"，译文归化为"蘑菇般地涌现"，更贴近英语国家的生活，更符合英语的表达习惯。

（二）异化

所谓异化,就是译者为传达原作的原汁原味,在翻译中尽量保留原作的表达方式,以便让译语的读者感受到"异国情调",就是所谓洋气。中国由于其经济实力的日益增强和文化形象的不断提升,所以汉语中的不少词语便直接进入英语和被借入英语,成为世界英语中的又一新的变体——中国英语。

中国英语的形成其实经历了一个汉译英逐步异化积累的演变过程。起先是"洋泾浜英语"（pidgin English）,它多用于洋场,进行商贸交易,是一种中英夹杂的英语。后来,中国人开始学习和使用英语,由于母语的迁移作用,在英语的表达上照搬一些汉语的词语样式和汉语的句子结构,这便有了"中式英语"。

这两种英语都不被标准英语接受。现在,翻译的"文化转向"对译者和读者的翻译观进行了一次洗礼,翻译要在平等互利的原则下进行文化传播和沟通,所以"中国英语"便应运而生。中国英语是洋泾浜英语和中式英语渐进、积累、演变的结果。它已为标准英语所接受,成为世界英语中的一员。可以预料,中国英语会随着中国这个语言使用大国地位的不断提升,由今天的一种行为英语发展成为一种机制英语。

汉译英的异化主要体现在文化词语的翻译上。《牛津英语词典》中以汉语为来源的英语词汇有1000余条。例如:

长衫 cheong samn
旗袍 qipao
孔夫子 Confucius
风水 Fengshui
易经 IChing
磕头 kowtow
功夫 Kungfu
麻将 mahjong
普通话 putonghua

此类带有鲜明中国文化特色的词汇一般都采取音译的方法,占汉语进入英语所有词汇的比例最大。[①]

---

① 王述文.综合汉英翻译教程 [M].北京:国防工业出版社,2010:36.

也有采用意译的方法来译的。例如:

四书 Four Books

五经 Five Classics

龙舟 dragon boat

走狗 running dog

洗脑 brainwashing

百花齐放 hundred flowers

纸老虎 paper tiger

改革开放 Opening up and Reformation

还有些采用音译和意译相结合的方法。例如:

北京烤鸭 Peking duck

"嫦娥"一号 Chang'e No. 1

中国航天员 taikonaut

taikonaut 这个绝妙的 China English 词语,它的诞生在一定程度上象征着中华民族伟大复兴!数百年来汉语只有生活、宗教、饮食等词汇进入英语,现在 taikonaut 以汉语的构词方式译成英语,作为一个科技词语堂堂正正地进入英语词汇,表明中国科技发展的日新月异,中华民族已真正崛起于世界民族之林。学者们认为,"中文借用词"在英语里的骤增从一个侧面反映了中国文化与世界的沟通渠道正日趋宽阔,而文化所代表的软实力正日趋增强。除文化词语的异化翻译外,还有些句法表达在汉译英中也套用了汉语的表达方式,显得更为简洁便利。例如:

好久不见。

Long time no see.

不能行,不能做。

No can do.

加油!

Jiayou!

丢面子/保面子

lose face/save one's face

有些汉语成语或谚语运用了生动的比喻修辞手段,在译成英语时也保留汉语中的比喻形象,使译文显得原汁原味。例如:

你这是在班门弄斧。

You're showing off your proficiency with an axe before Lu Ban the master carpenter.

"班门弄斧"这一成语通过直译将其译成 showing off your proficiency with an axe before Lu Ban the master carpenter,既简明生动又忠实贴切,兼顾了意义的传达和文化交流。

【理论聚焦】

由于地理环境和历史进程不同,中西方人的价值观大不相同。中国传统文化崇奉以儒家仁爱思想为核心的道德规范体系,讲求和谐有序,追求个人全面的道德修养提高和人生境界提升,集体主义文化、家族为本、重义轻利是中国人价值观中的核心内容。西方的个体主义思想的哲学根基是自由主义,以个体为本的个体主义文化和个人主义价值取向强调个人奋斗、追求财富合法化,使财富成为社会合理的资本,在发展市场经济模式上推崇私利。中西方不同价值取向对作为人们信息交流的工具——语言产生了很大的影响,在汉英翻译过程中,我们需要重点关注汉译英的原则,同时选择合适的翻译策略。另外,还需要关注文化差异对汉英翻译的深刻影响,以及汉译英中文化空缺的巧妙处理。

【同步练习】

1.将下面术语翻译成英语

（1）太极拳

（2）阴阳

（3）衙门

（4）茅台酒

（5）算盘

（6）馄饨

（7）炒面

（8）炒饭

（9）杂碎,杂烩

（10）小康

2、将下面句子翻译成英语

（1）关注一个成长的心灵,播种一个灿烂的明天。

（2）俗话说"一寸光阴一寸金",我们一定要抓紧时间,刻苦学习。

【参考答案】

1. 将下面术语翻译成英语

（1）Tai-chi

（2）Yin & Yang

（3）yamen

（4）maotai

（5）suanpan

（6）wonton

（7）chowmein

（8）chao-fan

（9）chop suey

（10）xiaokang

2. 将下面句子翻译成英语

（1）Take good care of a growing mind to create a bright future.

（2）An old saying goes "An inch of time is an inch of gold". We should grasp every second in our study.

【延伸阅读】

1. 白桂芬. 文化与翻译新探 [M]. 北京：中国纺织出版社，2017.

2. 白靖宇. 文化与翻译（修订版）[M]. 北京：中国社会科学出版社，2010.

3. 包惠南，包昂. 中国文化与汉英翻译 [M]. 北京：外文出版社，2004.

4. 包惠南. 文化语境与语言翻译 [M]. 北京：中国对外翻译出版公司，2001.

5. 陈坤林，何强. 中西文化比较 [M]. 北京：国防工业出版社，2012.

6. 黄净. 跨文化交际与翻译技能 [M]. 天津：天津大学出版社，2019.

第四章

中华社交文化传播与翻译实践

英汉语言由于具有不同的文化发展背景,因而形成了不同的语言交际体系。在交际过程中,英汉人名、地名、称谓语、委婉语由于自身具有不同的文化内涵,因而在一定程度上影响着人们交际的效果。为此,本章就针对中华社交文化传播与翻译实践展开研究。

第一节　人名文化传播与翻译

一、人名文化

　　人名即人的姓名。姓名是人类所特有的一种人文符号。然而由于语言不同,其符号表现形式及含义也不尽相同。名和字在意义上是相互照应、互为表里的。一般文人特别是作家都喜用笔名,如鲁迅、茅盾、老舍、冰心都是笔名。取用笔名有多种原因,或不愿公开自己的身份,或是象征某种意义,或体现一种风雅等。艺名一般多用于演艺界和艺术界。

　　中国人名种类繁多,取名的来源及寓意更是复杂。不像英文名一般取于《圣经》和古典,中国人名大多以出生时、地、事以及父母对子女的希望来取名,即人名便含有计时、纪事、祭地、寄望等极为丰富的寓意。

　　北宋著名政治家司马光,其父兄和他本人都是以地取名的。有些名字取自出生时间,如"孟春""秋菊"等。有的取自出生时的事件,如"解放""四清""援朝"等。有些取自长辈对小孩的祈愿和希冀,如"荣华"即"荣华富贵","成丰"即"成就功业,丰泽社会","成龙"即"望子成龙"等。

　　但不管名字来历如何复杂,含义如何丰富,名总归还是名,名即"明",就是分明和区别人与人之间的符号。其寓意止于本人,并无区别他人之意。所以,翻译人名主要是翻译其表层形式的符号,无需去刻意表达所蕴含的深层意义。音译便成为人名翻译的主要方法。根据国家有关规定,汉语拼音是外文翻译中人名、地名的唯一标准形式。

　　这些规定适用于罗马字母书写的各种语文,如英语、法语、德语、西班牙语、世界语等。在对外的文件书刊中调号可以省略。

二、人名文化的英译方法

　　《红楼梦》不仅是我国古典文学的瑰宝,也是一部道尽人生喜和悲的人情小说。书中内容涵盖范围很广,可谓包含了所有的中国传统文化,而且在外国也颇具影响力。而汉语作为中华文化的载体,也会受到文化的制约。《红楼梦》中人物众多且关系庞杂,而曹雪芹的命名技巧又非常独特,一些名字往往会运用双关的手法,即通过一些名字就可以推测人物在书中的性格和命运,不同的人物名字往往意味着不同的结局。由于这些人物名字的特殊性,因此在进行人名翻译时就显得极其重要了。

然而,由于中西思维方式的差异,翻译文学作品往往会出现关键信息遗失的情况,从而导致译文违背了翻译的忠实性原则。此外,不同的译者阅读能力不同,对原文本的理解也会各不相同,在翻译时会产生不同的含义,从而影响到翻译质量。因此,译者在翻译《红楼梦》时要反复斟酌,对文中的人物以及社会背景进行足够透彻的了解,并采取适当的翻译策略进行翻译,确保译文的准确性。杨宪益和霍克斯的两个英译本是目前来说流传最为广泛的,他们各自运用了不同的翻译策略,对文中的人名进行了精准翻译,从而为中国传统文化中人名的翻译提供了借鉴。

(一)《红楼梦》的姓名文化

在封建社会,名字是极其重要的,它不仅可以代表一个人,而且名字的好坏还会直接暗示其前途或命运,这在上层阶级中尤其明显。而且,封建社会等级观念很深,对地位高的人应遵守礼数,不能直呼其名。地位高的人或者长辈的名字不可以被随便使用,尤其是晚辈或者地位卑贱的人要谨记。据徐恭时统计,《红楼梦》中出现了共 495 名男子,480名女子,共 975 人。由此可见本书人数之多,名号繁杂。《红楼梦》中反映的是中国封建社会的贵族生活,因此在生活中需要遵守一些规矩,在这样的环境下,奴仆的名字不能和主人的名字相同,如书中有一个丫鬟叫"红玉",因为其名字中含有"玉",而贾宝玉中也含有"玉"字。王熙凤是贾宝玉的表姐,她不喜欢别人尤其是奴仆在姓名中用"玉"字。在中国传统文化中,一个人的名字并非凭空而来,往往是有一定的典故,或与家境生活有关,或反映了人物生活的一部分事实,又或是采用"范字"取名的方法。比如,取名"金桂"是由于家里多桂花,"宝玉"是因为他出生就含着一块玉。贾家是世家大族,因此取名时按照行辈次序来排名,如"水""代""文""玉",分别对应"贾演""贾代儒""贾敷""贾珠",这种方式也叫"范字"取名法,体现了他们所信奉的民族文化和认祖归宗的民族心理。

在中国传统文化中,人们在取名字时会讲究引经据典,特别是世家大族,这样才能显示家族显赫,而且男子在落冠成年还要根据名字再取一个号。此外,古时人们常通过数字大小来表示出生排行,比如老大、老二等,而且古代的下层人民通常会给自己的子女起贱名以期望好养活。古时很多人名都具有一定的关联性,如有血缘关系的兄弟姐妹,他们的名字中都含有相同的字,如"元春、迎春、探春、惜春"四姐妹,她们名字中都有一个"春"字,这便是这一习俗的体现。

(二)《红楼梦》人物名称的特点

1. 谐音

曹雪芹先生的《红楼梦》在设计人名方面都非常的巧妙,每一个人名都值得细细品味,而且不同人也对不同的人名会产生不同的理解。本书中有很多人名都有谐音,如"贾雨村""甄士隐"实际分别可通"假语存""真事隐",一个暗示所有的言论都是假的,一个暗示隐藏事实真相;"贾宝玉"实际可通"假宝玉"。有些谐音暗示了人物的命运,如贾母的四个孙女,分别是"元春、迎春、探春、惜春",这四个女性名字的第一个字组合起来就有了新的含义,即"原应叹息",暗示了这四位女性悲惨的命运;娇杏实际可通"侥幸",即幸运;英莲实际可通"应怜",即值得同情;霍启实际可通"祸起",即命运多舛。

2. 追求吉利命名

《红楼梦》中的人物在命名时会有追求吉利的民族心理,在一些地位低下的人的名字中可以体现出来,琴棋书画、春夏秋冬是最常用的名字。曹雪芹对优伶等艺名的命名也体现了对家族生意越来越好的期盼,这也是追求喜庆、吉利的具体表现。此外,书中姓名不仅仅是一种社会称谓,它更多地可以反映出一个人的喜好、追求以及愿望。此外,《红楼梦》中贾、王、史、薛四大家族自然是希望自己家业兴旺,财源滚滚,因此有很多人物命名多用金玉珠宝等贵重物品,如"金钏、宝玉、宝钗、翡翠"等。

3. 神话人物的命名

《红楼梦》中出现很多神话人物,这些神话人物本身就有一定的象征意义,如第一回出现的女娲、茫茫大士、渺渺真人、警幻仙子等虚幻的人物,分别寓意女性话题、佛教、道教以及人生如梦的境界。其中,"情"的代表人物是警幻仙子;文中佛家思想的代表人物是茫茫大士;文中"道"的化身是渺渺真人,也即跛足道人。而甄士隐为了寻求道家出路,最后随跛足道人出家。此外,文中也有儒家思想的表现,如女娲用石头补苍天。

4. 其他人物的命名

《红楼梦》中有许多和尚、尼姑以及道士的名号也非常有特点,如"大幻仙人、张真人、王道士、马道婆"等。佛家的法号有多种命名方法,但主要体现了汉族人民的求偶心理,其中双名使用居多,但也有用单名、三个字的,单名的有智能儿。此外,对于婆子的命名,一般是以姓加名式或者姓加妈式,有的还采用嬷嬷式,如"叶妈、竹妈、赖嬷嬷"等,有的还会用其丈夫的姓加大娘、大婶或者家的来命名,如"周瑞家的"。这体现了她们的丈夫在家族中是有一定地位的。

(三)《红楼梦》中人物姓名的翻译策略

《红楼梦》的作者曹雪芹先生共向读者展示了数百个栩栩如生的人物,由于每个人物名称各不相同,因此在翻译人名时会有很大的困难,在保持忠实的基础上尽可能保持原来人名的格式。霍本为了让英语读者有更广阔的想象空间,采取的翻译策略是对书中关键人物进行音译、非关键人物进行意译,从而使外国读者更容易理解人物名称的潜在意义,同时这种翻译策略也更有利于外国读者区分家族的上下级关系。而杨译本对书中出现的所有真实人物的名字采用音译法翻译,即威氏拼音法,对虚拟人物或人物的绰号采用意译法翻译。但这种方法的不足之处在于无法体现人名中的潜在意思,忽略了曹雪芹先生的双关用法,导致外语读者无法像汉语读者一样获得相同的阅读体验,体会作者的真实意图。书中常用的翻译策略如下。

1. 音译法

音译是根据发音特点进行翻译的方法。这种方法广泛应用于不同类型的英译本中,主要用于翻译一些人名、地名等专有名词,在杨宪益版《红楼梦》中,音译法的不同之处在于采取了特别的音译法,即威氏拼音法,如元春(Yuanchun)、贾政(Chia Cheng)、宝官(Pao Kuan)、金钏(Chin Chuan)、贾雨村(ChiaYu-tsun)。而霍译本翻译如下:贾政(Jia Zheng)、宝玉(Bao-yu)、黛玉(Dai-yu)、熙凤(Xi-feng)、贾雨村(Jia Yu-cun)。

通过比较发现,杨本在人名的发音上更有助于外国人理解、拼读与记忆。而霍本在翻译主要人物的名字时尽可能地不改变格式进行音译,增加了外语读者的阅读难度,但是保留了原文本的语言特点。音译的优势是显而易见的,它是人名翻译中最常用的方法,而人名归根结底只是一个社会称谓而已,其内涵意义往往更受关注。但是,单纯地进行音译很容易导致人名潜在意义的缺失,如"霍启"翻译成"Huo Chi"。书中的人物在进行命名时往往被赋予了不同的含义,曹雪芹先生起名很注意人物的命运、性格、生活等,往往会用双关、谐音的手法进行命名,此外,还包含寓意较好的词汇,如珠宝、花鸟、书画等,人名非常丰富,几个人物的名字合起来,都是有一定潜在意义的。这时,单纯的音译显然是行不通的,需要寻找其他翻译技巧或策略进行解决。

2. 脚注法

原文中一些人名运用了双关或谐音的手法,因此简单地进行音译难免有些牵强。杨本在处理这些人名时更多地会增加脚注或注释来进行解释,其优点是促进了外国读者对不同人名含义的理解,而不仅仅是对字母符号的理解,从而更好地理解作者命名的目的。中国古代的人名体系极其复杂,一个人的名字会包含很多成分,包括名字、字、号等,如薛蟠字文龙、贾宝玉号"怡红公子"、林黛玉号"潇湘妃子"等。以下是杨

译本采取的加脚注策略:

贾化——Chia Hua ("false talk" 即 "假话");

卜世仁——Pu Shih - jen ("not a human being" 即 "不是人")。

霍克思在处理这些蕴含深层次的人名时,采用了意译法,如杏(Lucky)、霍启(Calamity)。

由此可见,杨本在处理人名时用注释或脚注进行解释或说明,这样可以更好地帮助外国读者对人名进行理解,而霍本直接进行了意译,虽然避免了脚注的麻烦,但是破坏了源语言的语言特点,不能给外国读者带来相同的阅读感受。

3. 意译法

曹雪芹在写《红楼梦》时采用了独特的命名方法,使得一些人的姓名有了很多隐含的意思,甚至和主人的前途命运联系在一起,而中西文化存在明显差异,如果仅仅停留在音译层面,就很难让外国人读懂人物姓名的真正内涵,因此需要采取意译法进行翻译。例如:

对贾家义学的小学生人名进行意译:香怜(sweetie)、玉爱(lovely)。

根据人名中汉语的多义性进行翻译:麝月 Musk(麝香)、茜雪 Snow pink(白雪粉红)。

《红楼梦》中有很多丫鬟,如隆儿、兴儿、丰儿等,分别翻译为 Rich, Joker, Felicity。

法名:静虚——Euergesiao(希腊语),即 "行动、能力、势力",智善——Benevolentiao(拉丁语),即:"仁心"。

翻译小名、爱称时,如袭人——Aroma(芳香)。

4. 其他译法

《红楼梦》中除了普通人物外,还有许多神话人物,如神仙、和尚、尼姑等。译者在翻译时不能单纯地进行音译,首先应该准确理解这些虚拟人物代表的是什么,有没有潜在意义。由于原文本有神仙这类特殊人物,因此在翻译时需要尽可能地描写其神通广大的能力,从而便于外国读者理解。比如,杨译本对一些虚构人物的翻译:"茫茫大士"(the Buddhist of Infinite Space),"渺渺真人"(the Taoist of Boundless

Time）。霍译本对一些名称进行多语言翻译,如珠宝类人名"宝官"——trésor（法语）。

　　这样翻译显示了两位仙人神通广大的能力以及无与伦比的地位,让外语读者惊叹于中国神仙的能力之大,同时对珠宝类人名的翻译能够让英文读者毫不费力猜测出其含义。

第二节　地名文化传播与翻译

一、地名文化

（一）地名与历史人物

　　地名是对历史人物的追忆,太原地区有许多与历史人物相关的地名,这些人物既包括帝王将相、达官显贵,也包括文化名流、普通百姓,他们都在当地有着一定的影响力。有些因住宅、故乡在此;有些因墓葬地在此;有些因在当地的所作所为或荣或耻,被历代民众称颂或厌恶;有些则对当地的生产生活产生了影响。

1. 与历史人物居住地有关的地名

　　太原历史上人才济济,这些人物的居住地也因之闻名,在取名时往往将历史人物的姓氏融入其中,以示对其的尊敬与纪念。与历史人物居住地有关的地名如下。
　　狄村,为唐代宰相狄仁杰的故里。
　　侯家巷,明代户部侍郎侯纶的府邸修建于此,名侯侍郎巷,后俗称侯家巷。
　　傅家巷,清初傅山曾居于此,因而清末以来称傅家巷。
　　寇庄,相传宋相寇准被封为莱国公后,在此建有莱公别墅。相关地名:东寇庄、寇庄西路、寇庄南街、寇庄北街。

祁家山,宋代潘美在唐明镇修筑太原城时,由祁氏监工组织伐木,在山林中定居成村,俗称祁家山。村分东西,故称东祁家山、西祁家山。

2. 与历史人物官职、身份有关的地名

历史人物的官职、身份显赫,与之相关的地名便会引用其官职身份而命名。对地名而言,这既是对历史人物突出成就的纪念,也是一种莫大的殊荣。与历史人物官职身份有关的地名如下。

皇后园,道光《阳曲县志》载:薄太后驻跸处"即今皇后园村"。东太堡、西太堡,原名太堡庄,因西汉清河太后的堡子而名,有清河太后墓。相关地名:太堡街。

大夫庄,相传春秋时,村中有一人官至大夫,故名。

上官巷,明代有一位德高望重的邵氏官员在此居住,故称邵官巷。邵、上音近,后改称上官巷。

东里解、西里解,相传两村原系一村,名八家庄。后因村中曾考取一名解元,改名里解。后洞涡水改道,穿村而过,分为东、西两村。

3. 与历史人物墓葬地有关的地名

墓葬地是历史人物的最终归宿,太原地区现有许多与历史人物墓葬地相关的地名。例如:

狐爷山,因春秋时晋国大夫狐突及其二子埋葬于此。

杜交曲,康熙《静乐县志》作杜招屈,"杜招屈有单雄信墓"。单雄信为娄烦人,隋代在王世充麾下从军,本领高强,被称为军中飞将。后因谐音渐变为杜交曲。

黄陵村,原名王陵村,因晋太康五年太原王司马辅葬于此地而名。王、黄音近,后演化为黄陵。

王家坟,村北有王琼墓。

阎家坟,清经学家、考据学家阎若璩祖坟地在此。

东、西盘威,原名潘围村,有宋郑王潘美墓地。因人们厌恶潘美,改称盘威。村分东西,名东盘威、西盘威。

西峰村,原名新坟上,有明宁化王朱济焕的墓地。为区别于晋恭王老坟,以方位命名西坟,后改称西峰。

东峰村,原名东坟,为明朝晋端王朱知烊墓地所在。因地处恭王墓、宁王墓之东,故名东坟,后人改称东峰。

其中,有的地名反映了当地人们对历史人物的感情态度,如东盘威、西盘威表达了人们对潘美的厌恶。有的地名则体现了墓葬地的周围特征,如东青堆、西青堆、南青堆反映了墓葬地附近郁郁葱葱的景象。

(二)地名与历史故事

地名是书写历史的符号,每一个城市在发展历程中都积淀了很多让人们津津乐道的历史故事,人们将这些历史故事浓缩提炼后为地命名。有些地名是对历史事件的记录,有些地名则是民间代代相传故事的缩影。历史事件与传说故事不仅增加了地名的历史厚度,也增添了其文化韵味。

1. 与历史事件有关的地名

古往今来,人们为了纪念社会上发生的重要历史事件,于是将其意义融汇到地名中,以示纪念。在太原也有不少这样的地名。例如:

并州路,汉武帝为加强中央对郡、国的管理,设立十三个州刺史。东汉时并州刺史部署设在太原郡治晋阳城,因此后人把太原称作并州。今有并州北路、并州南路、并州东街、并州西街等街巷名。

新民街,民国初年,全国兴起了新民运动。今有新民东街、新民北街、新民中街等街巷名。

解放路,因城北是太原解放最早的地区,故名。

建设路,因修建该路时,正值第一个五年计划国民经济建设大发展的时期。

五一路,取义自"五一国际劳动节",以示纪念。

迎宪村,两村合并时正值我国第一部宪法公布,故名。

2. 与民间故事、民间传说有关的地名

太原地名中沉淀了诸多古老的传说,这些传说呈现出人们千姿百态的生活场景。其中有一些传说故事体现了中华民族历来所倡导的传统

美德和价值观念,被人们广为传颂。

（1）反映家族兴衰荣辱、起落浮沉的故事

有些太原地名见证了家族的兴衰荣辱、起落沉浮。例如：

赵家堡,元代时为梁家堡,后来梁姓人丁日减,赵姓发达兴旺,成为村内的多数,并掌管村务,遂更名为赵家堡。

东木庄,原名东穆庄。相传明洪武年间有米姓村民在此定居,起名为米家庄。到米二狗这一代米姓绝户,后来穆姓人丁兴旺,改名为穆家庄。民国二年汾河泛滥改道,把穆家庄冲为东西两半,河东为东穆家庄,河西为西穆家庄。后人为了书写方便,改为东木庄。

（2）反映人们不畏强势、机智勇敢的故事

在太原,有两个村名的由来与一位机智勇敢的女子有关,分别是义井与嘉节。元至正年间,民女武管婴年方十七岁,躲避战乱时她的父亲被乱兵所执,她英勇无畏,请求逮捕自己来换取父亲得到释放,并称自己有金子藏在井边,乱兵挖掘找到后争着抢夺,她却转身投井而死。清《太原县志》关于"义井"村名的来历中便记载了这个不畏强势、以身救父的英雄事迹。后人敬佩其英勇事迹将此地亦称烈女井。"嘉节村"也因之而名,官府为了旌表民女武管婴忠贞刚烈,遂以村命名。

地名"李虎坪"则反映了李氏兄弟的勇猛威武,相传从前有北郑村的李氏兄弟到此打猎,二人武艺高超,人说"老虎过来也得留下一张皮。"定居此地后,取名留虎坪,后以姓氏改名为李虎坪。

（3）反映人们重视亲情、尊老敬老的传说

亲情是人间真挚而温暖的感情,有些太原地名背后蕴藏着一段与之相关的动人心弦的传说故事。例如：

想儿岭,相传古时有一位官人带着家眷走到这里,小儿子不小心掉下山崖伤命,气得不能再走,定居于此,天天想念儿子,后人将此村称为想儿岭。

白道头,相传有一对恩爱夫妻居此耕作生活,希望他俩能白头到老,故名"白到头"。到、道同音,后讹传为"白道头"。

随老母,相传该村原来有一男子,年过三十尚未婚配,附近村子有一个年轻的寡妇,经人说和,将婆母随上改嫁过来,后人为了纪念媳妇的孝心,遂将村名改为随老母。

随公沟,相传古时科头村有一寡妇改嫁时,将公爹随上嫁到这里,传为孝悌之美谈,后人为纪念她,遂将村名改为随公沟。

（三）地名与文化心理

大量的地名都是当地居民在社会生活中给地理实体所起的名称。每个地区的居民生活在相同的文化圈之内，他们所起用的地名往往反映当地的文化特征和居民的心理特征。① 地名还反映出了人民期盼生活幸福安康、避俗求雅及重视方位观念的心理。

1. 期盼幸福安康的心理

中国人自古以来就追求安定、幸福的生活，并通过语言符号来表达自己的美好祝愿与期盼。人们认为，说吉利的话、取吉祥的名字可以图个"好彩头"，利于让事情朝好的方向发展。为地名命名的时候亦是如此，地名寄寓了人们追求和平安定、福寿昌盛的文化心理。

（1）追求太平、安定

古时，人们常常受到自然灾害的侵扰，难以抵挡的天灾往往会给人们的生活造成巨大损伤。于是，人们渴望得到大自然的恩赐，向往安然稳定的生活。"西宁安"原名宁安寺，相传明代该村较大，后来汾河泛滥，村庄被淹，房屋坍塌，村民背井离乡，只留下村西的几户人家。人们为了安然，改名西宁安。"安生村"因村庄坐落高处，不受水害而名。此外，人们还积极发挥自身主观能动性，通过举办民间活动来祈求大自然的恩赐，如"北社"相传该村原名范家堡，清咸丰年间当地连年荒旱，村民求神祈雨，大办"社火"（一种武术性文艺），于是属沟北者称"北社"，属沟南者称"南社"。

我国历史上战乱频仍、烽火连绵，造成民生凋敝、居民流离失所，因此渴望天下和平安定成为人们最朴素的愿望。这种追求太平的社会心态，在地名中处处流露出来，如太原市有两个名为"太平庄"的村落：阳曲县的"太平庄"因村居深山，安然无恙而名；清徐县的"太平庄"原名交圪垯，日军侵略时期，村民备受欺凌，希望太平不受侵扰，故更名为太平庄。"永定路""永定街""永宁路""永安路"寓意永远安定，"和平路"寓意民主改革胜利，进入和平建设时期。

---

① 游汝杰.中国文化语言学引论[M].上海：上海辞书出版社，2003：136.

从这些地名的命名缘由中我们可以看出，由于受自然因素、社会因素的影响，人们渴望安定太平、向往安居乐业的美好生活。同时，我们也深切感受到中华民族热爱和平、反对战争的强烈愿望。

（2）追求福寿、昌盛

追求幸福长寿、繁荣昌盛的生活历来是中华民族的心之所向。常言道"芝麻开花节节高"，人们总是希望自己的生活能够蒸蒸日上、越过越好，希望自己健康长寿、喜乐常伴。在地名中，人们喜欢用"福""寿""康""富""昌"等吉祥词语，寄寓福寿、健康、昌盛、富足、吉祥等各种美好的愿望。例如，太原地名中带"康"字的有康宁街、康乐街、永康街、康馨路、康兴路、晋康路、健康北街、健康南街等；带"福"字的有万福路、多福路、幸福路、幸福巷等；带"寿"字的有万寿路、康寿街、东万寿、西万寿等；带"昌"字的有昌盛街、延昌街、大昌路、昌源路等；带"富"字的有致富路、富康街、富裕路、富文巷、富民路、富安南路、富安东街等。

人们在有些地名中寄托了希望经济兴旺发达的美好祝愿，如"丰润村"原名小村，因村小、地瘦人穷而名。清初，村民希望改变贫困状况，改名"丰润"。"兴隆街"在宋代以后发展为商业中心，取买卖兴隆通四海之意而名。"永兴路"寓意永远兴旺。"通顺巷"原名鸡鹅巷，明代以前为买卖鸡鹅的集市，清代巷内相继开设钱庄、商号，为求生意顺利通达，改名通顺巷。

此外，人们不仅希望经济繁盛，也希望人口兴旺。例如，"多子村"原以独户居住取名独子村，清光绪八年丈量土地时取人丁兴旺之意，改名为多子村。"诸旺村"，相传该地最先以朱姓建村，取名朱旺，后来村里人口渐多，遂改名为诸旺。

在人们的物质生活得以满足的同时，人们对精神文化生活也寄予了期望。例如，"云路街"因傍贡院而名，取意《北史·文苑传序》"俱骋龙光，并驱云路"之句，喻"青云得路"之意。"科头村"因村运不济，寄希望于后代科试及第而名。可见，人们希望通过科举取士，改变自己与家族的命运。

2. 避俗求雅的心理

地名是人们约定俗成的语言符号,最初命名时人们往往只关注地理实体的特征,取名较为随意、朴实,读着顺口便于记忆即可。但随着社会进步与时代发展,人们的审美情趣逐步提高,原来一些较为俗气的地名已经不能满足人们新的审美需求。于是,人们通过谐音、重命名等方法,化俗为雅,使地名获得了新的意义。

谐音取义是汉语的一种修辞方式,我们常常用语音相同或相近的字把原来粗俗不雅的地名改得比较文雅。太原地名中也有不少这样的现象。

"敦化坊"原名东马坊,是晋王府官员和亲眷去孝堂祭奠晋王朱棡妃谢氏时所乘马匹的圈养之地,起初称为马片,后演化为东马坊。因谐音逐渐变成比较文雅的敦化坊,取意义于《中庸》中"小德川流,大德敦化"之句,意思是通过道德教化使民风淳厚。"摄乐村"明代称铄落村,相传五代时,后唐与后梁曾混战于此,村庄被夷为平地,后人在废墟上建村,取名铄落村,因此名不雅,后谐音为"摄乐村"。

清徐县的"大旺村"原名大凹,因村居沟内凹地而名,后因凹与旺音近,且旺字含义更好,遂改名为大旺。古交市的"杜里沟"原名肚里沟,因沟呈弧形,状如肚子而名,后来人们嫌其不雅,于是谐音演化为杜里沟。"白岸村"古时称为"北安","北"表示方位,"安"表示太平安详,后谐音演变为白岸,但是这一变化反而使地名丢失了原有的文化内涵。

此外,后人为了书写方便,将地名中一些烦琐的字用相对简单的同音字替换,如"东木庄"本因穆姓得名东穆庄,但为了后世书写方便,以木代穆进行简写,掩盖了地名的真实文化内涵。

根据以上分析可知,地名雅化其实有利也有弊:一方面,确实可以满足人们避俗求雅的心理需要,使陋俗的地名"化腐朽为神奇",使其增添新的美好的文化意蕴;另一方面,有些谐音取义的地名却使得地名戴上面具,掩盖或失去了固有的文化内涵。所以,这就要求我们不能过分追求地名的雅化,在雅化的同时要注意保护地名的原有文化内涵。

3. 重视方位阴阳的心理

中华民族自古以来就十分重视方位,从"中国"的命名便可看出,古人认为自己的国家居天下之中,因而自称"中国",周围其他地区则被称作"四方"。在我国的地名中,有许许多多的方位地名,大到省级行政区划,小到民居村落,都可以找到方位地名的影踪。方位具有相对性,古人选定一个参照物作为目标,形成聚落时以选定参照物为标准判定相对位置。例如,古代的河南、河北是以黄河为分界线,湖南、湖北以洞庭湖为分界线。

东西南北与左右前后相互对应是中国方位文化的一个重要内容,张清常先生说:"在北京街巷名称中,在全国地图中,东西南北与左右前后是一个意思,而且相互对应。"①太原的方位地名数量可观,以东西南北、前后为方位的地名数量最多,如一些村落由于各种自然或历史因素的影响一分为二或一分为三,这些村落分开后大多是在原村名前加上方位词以示区分,许多"对对村"皆因此而来。除此之外,还有很多以"上××""下××""××上""××底"为方位加以区分的地名,从这些地名中我们可以感知到汉民族从平面思维到立体思维的发展。

最具汉民族方位文化特色的莫过于"阴""阳"二字。阴阳观深入人心,成为汉民族认识世界的一种思维模式。②通常情况下,我们认为"山南水北为阳,山北水南为阴",这是由于我国地处北半球,山脉、河流多为东西走向,阳光照射时南坡向阳,北坡背光所致。对于南北走向的山脉河流则相反。《老子》有云:"万物负阴而抱阳","阳"象征光亮和温暖,万物皆向阳而生,因此人们选择聚居地时一般倾向于阳面。太原有一些带"阴""阳"字村落地名,带"阳"字有如阳坡村(尖草坪区、清徐县、娄烦县各一个)、阳坡上(娄烦县、古交市各一个)、大阳坡、小阳坡、上阳坡、下阳坡,带"阴"字的村落则相对较少,如阳曲县的"西洛阴、南洛阴、北洛阴"均位于古洛水(今称杨兴河)之南而名。

---

① 张常清.胡同及其他[M].北京:北京语言学院出版社,1990:89.
② 苏新春.文化语言学教程[M].北京:外语教学与研究出版社,2006:123.

二、地名文化的英译方法

单个地名主要是指一些城市名、河流、山川名等,不带行政区划所属。

（一）译音

专名构成的地名：
北京 Beijing
上海 Shanghai
天津 Tianjin
重庆 Chongqing
杭州 Hangzhou
武汉 Wuhan
荆州 Jingzhou

（二）译音加译意

专名与通名词构成的地名：
长江 Changjiang River
泰山 Mount Tai
中山公园 Zhongshan Park
天安门广场 Tiananmen Square
长安街 Chang'an Street

（三）译意

完全由普通名词构成的地名：
西湖 the West Lake
东湖 the East Lake
颐和园 the Summer Palace

紫禁城 the Forbidden City

天坛 Heaven Temple

第三节　称谓语文化传播与翻译

一、称谓语文化

（一）称谓与其他概念的区分

1. 称谓和称呼

"称谓"在既有研究中往往与"称呼"相混同。称谓是人们由于亲属之间的相互关系以及身份职业等得来的名称。对于称呼和称谓的界定，学界主要有以下三种看法。一是认为二者是等同概念，持这种观点的学者如孙维张（1991），这种看法忽略了仅能用于叙称或面称的称谓。[①] 二是认为二者具有包含关系，一般认为称谓包含了称呼，称谓既可面称，也可叙称，而称呼仅指称谓中面称的部分。持这种观点的学者如周健（2001）认为称谓系统包括称呼和名称。[②] 三是认为二者具有交叉关系，即一部分重合，一部分又有区别。持这种观点的学者包括马宏基（1998）[③]、曹炜（2005）[④]、么孝颖（2008）[⑤]，他们认为称呼语是当面打招呼的名称，有一部分不包含权利义务关系；而称谓语是表示权利义务关系、社会角色标识身份的名称，其中有一部分不能作面称。综合来看，

① 孙维张 . 汉语社会语言学 [M]. 贵阳：贵州人民出版社，1991：126.
② 周健 . 汉语称谓教学探讨 [J]. 语言教学与研究，2001（04）：31-38.
③ 马宏基，常庆丰 . 称谓语 [M]. 北京：新华出版社，1998：14.
④ 曹炜 . 现代汉语中的称谓语和称呼语 [J]. 江苏大学学报（社会科学版），2005（02）：62-69.
⑤ 么孝颖 . 称谓语 = 称呼语吗？——对称谓语和称呼语的概念阐释 [J]. 外语教学，2008（04）：20-24.

称呼和称谓的争论根本上是对两种内涵的判断,即该名称能否用作当面指称、能否表明权利义务关系和体现社会角色。

2. 面称和叙称

"面称"又叫"直称"或"对称",用于受话人和被指称者为同一个人时。"叙称"又叫"背称"或"旁称",用于被指称者是交际参与者之外的第三者。面称和叙称是亲属称谓中一个重要分界。部分对配偶父母的称谓方式主要用于叙称,面称时很少使用,如"岳父""岳母"等称谓方式。还包括一些夫妻之间采用戏称的方式,如用配偶父母居住的"小区名"分别指代双方父母,这些称谓方式仅用于叙称。部分称谓方式仅用于面称,叙称时基本不用,如"爸爸妈妈/爸妈"。大部分的称谓方式既用作面称,也用作叙称。面称以与交际对象开启交际为目的,叙称则主要说明发话人与被指称者之间的关系。

面称和叙称的差别与传统礼俗有关。古时对尊长我们不能直接称呼其名号,所以需要用社会约定的称谓来替代。随着家庭结构和思想观念的改变,当代社会中亲属称谓的使用不再像以往一样严格,面称与叙称的分界也逐渐模糊。

3. 古代称谓和现代称谓

对配偶父母称谓古今表现大不相同。古代使用而现代基本不用的称谓为古代称谓,从古到今一直使用的称谓以及近代产生的称谓称作现代称谓。比如,"翁"在古代用作称呼父亲,后用作称呼岳父,现代则已很少使用,仅在部分南方方言区使用。再如,古代用"舅""姑"称呼丈夫的父母,用"外舅""外姑"称呼妻子的父母,现在已经不再使用,这部分称谓就是古代称谓。现代称谓则是像"公、婆、岳母、丈人"等,它们从某一时期作为对配偶父母的称谓方式,延续到现代一直使用。至于称配偶父母为"爸爸妈妈/爸妈"及其变式"× 爸 × 妈"等,用作称谓配偶父母的年代较近,同样也属于现代称谓。

4.通语称谓和方言称谓

通语称谓是通行于全汉语区域的称谓方式,如"公公""婆婆"等。方言称谓是通行于某个或某一片区方言的称谓方式。南方部分方言如广东部分地区称呼丈夫的父母为"老爷""奶奶",称呼妻子的父母为"外父""外母";又如,湖北部分地区称呼妻子的父母为"亲爷""亲娘"。

(二)称谓方式的制约因素

"语言是社会历史文化的载体,汉语亲属称谓是汉语的组成部分,也是汉民族历史文化的重要标记之一"。[①] 汉语亲属称谓是汉民族依据本民族社会文化对个人地位及与他人关系的语言确认。汉民族对配偶父母的规约性称谓,决定于支配这一称谓系统的文化前提——宗法制度和婚姻礼俗的稳固性。

宗法制度是我国社会结构的内在基础,沉积在人际关系和价值系统的根部,主导着中国的全部文化现象。构成亲属关系的基础是婚姻,原始社会后期,母系氏族社会开始向父系氏族社会过渡,群婚制逐渐被对偶婚取代,产生了社会结构中的最小单位——一夫一妻或一夫多妻组成的家庭,家庭的形成促使各种亲属关系、亲属称谓的出现,配偶父母是由婚嫁产生的姻亲关系网中最为重要的角色。卜成林(1996)认为,从先秦到当今汉民族中宗法观念一直存在,亲属关系始终得以维护,促使亲属称谓系统保持了基本面貌。

古时的中国崇尚礼法,《礼记·曲礼》:"夫礼者,所以定亲疏,决嫌疑,别同异,明是非也"。所谓的"定亲疏""别同异"不仅表现为受传统差序格局影响的社会结构、伦理道德和宗法制度等,在亲属称谓上的表现也尤其突出。一方面,每个亲属称谓都有对应的指称对象,不相混淆。汉语亲属称谓构成方式较为固定,规则性强。另一方面,亲属称谓中蕴含着宗法权势,权势的体现遵循特定的规约性原则(conventionality)。"规约性用语称谓可理解为交际者必须遵循的称谓准则规范,这类准则

---

① 史宝金.论汉语亲属称谓的特征及其社会历史文化背景[J].复旦学报(社会科学版),2003(02):132-123+134-140.

规范是经过历史沉淀后为特定的社会群体约定俗成的典章条款"。①

　　汉语亲属称谓在汉文化的支配下形成社会规约，社会文化的发展变化会导致亲属称谓系统的调整。冯汉骥认为，亲属称谓最早可以追溯到《尔雅》，每个时代都有各自的"尔雅"系统，这种做法一直沿袭至今。

　　1. 妻子对丈夫父母的规约性称谓方式

　　《尔雅》是我国最早完备记录称谓系统的辞书，谢维扬在《周代家庭形态》中考证《尔雅》中亲属称谓系统归属于周代。处于奴隶社会的周代始创宗法，盛行姑舅表婚制，即兄和妹、姐和弟的子女属于异性同胞的子女构成交错从表的关系，这些表兄弟姐妹拥有最先婚配的权利，如姑姑的女儿嫁了舅父家的儿子，舅父就成了丈夫的父亲。《尔雅·释亲》："妇称夫之父曰舅，称夫之母曰姑。"《礼记·檀弓下》："妇人不饰，不敢见舅姑。"因此，受交表婚制的影响，"舅""姑"指公公、婆婆的称谓方式被保留下来，"舅""姑"成为丈夫父亲和母亲的通称，一直延续到封建社会。

　　宋元时期，明令禁止交表成婚，《宋刑统》规定"交表为婚者，各杖以一百，离之。"随着交表婚制的危害日益显露以及后朝历代明令禁止，"舅""姑"逐渐丧失了称谓配偶父母的义项，本义为尊长的"公公""婆婆"成为对丈夫父母的通用称谓方式。《琵琶记》："公公婆婆，媳妇便是亲女儿，劳役事，本分当为。"之后相当长的一段时间，"公公、婆婆"始终是汉民族对丈夫父母的规约性称谓方式。

　　当今社会，婚姻礼俗从传统的成妻、成妇礼逐渐简化，现代婚礼是新人夫妇在亲朋好友中的第一次出场亮相，婚礼中设有改口环节，双方父母会给新人准备"改口红包"，夫妻双方被要求称呼对方父母"爸爸妈妈"或"爸妈"，实现家族身份的认同。由此可见，"爸爸妈妈"或"爸妈"是当代对丈夫父母的普遍规约性称谓方式。

　　2. 丈夫对妻子父母的规约性称谓方式

　　周朝，对妻子父母的称谓方式同样受姑舅表婚制影响，如当姑姑的

①　周方珠.权势与规约性——谈《红楼梦》中的称谓翻译[J].外语与外语教学，2007（01）：48-51.

儿子娶了舅父的女儿，舅父就成了妻子父亲。《礼记·坊记》:"昏礼,婿亲迎,见于舅姑。舅姑承子以授婿。""舅""姑"在姑舅表婚制下一词多指。在传统礼制父权社会作用下,女性嫁入男方家庭被视作"归",由此女方家属被视为"外家","舅""姑"在指称妻子父母时,往往也加上"外"这一词素加以限制,如《说文·男部》:"母之兄弟为舅。妻之父为外舅。"《尔雅·释亲》:"妻之父为外舅,妻之母为外姑。"用"外舅""外姑"称妻子父母的方式便固定下来。

南北朝时期,"丈人""丈母"成为对妻子父母的通用称谓方式,如《警世通言》:"宋金道:'丈人丈母! 不须恭敬,只是小婿他日有病痛时,莫再脱赚。'"宋朱翌《猗觉寮杂记》卷下:"《尔雅》:妻之父为外舅,母为外姑。今无此称,皆曰丈人、丈母。柳子厚有祭杨詹事丈人、独孤氏丈母,则知唐已如此。"

宋元时期,"岳丈""岳母"成为对妻子父母的通用称谓方式,《释常谈》说:"泰山有丈人峰,妻父称丈人,又叫泰山,再转为岳丈。"又如,曾慥的《高斋漫笑》:"毗陵有成郎,貌不扬,岳母陋之。"而后,"岳父"取代了"岳丈",成为对妻子父亲的通用称谓方式,沿用至今,如《警世通言》:"我昔贫时仗岳父周旋,毕后又赖吾妻综理家政,吾安能负之?"

现代社会,与妻子对丈夫父母的称谓方式同理,受现代婚姻礼俗的影响,通过婚礼改口红包、改口茶的环节,在订婚或结婚时男性也要对妻子父母进行改口。"爸爸""妈妈"是当代对妻子父母的普遍规约性称谓方式。

二、称谓语文化的英译方法

(一)转化译法

在对称谓文化进行翻译时,转化翻译策略具体指的是对原文的观点和角度进行相应的改变,采取灵活的译法来对称谓进行灵活建构,这样更加便于目的语读者的理解和表达。例如:

"小栓的爹,你就去吗?"是一个老女人的声音。里面的小屋里,也发出一阵咳嗽。

"Are you going now, Dad?" queried an old woman's voice. And from the small inner room a fit of coughing was heard.

本例在翻译时,对汉语文化中比较常见的称谓方式"孩子他爹""小栓他爹"直接转化翻译成 Dad,更加便于目的语读者理解。

（二）约定俗成译法

汉语中的很多亲属称谓都可采用约定俗成的方式直接翻译。这种称谓文化的翻译策略在日常交往中也被运用得非常普遍,如表 4-1 所示。

表 4-1　称谓词约定俗成翻译例词

汉语称谓	英语称谓
爸	dad
妈	Mom
父亲	father
母亲	mother
孙儿	grandson
孙女	granddaughter
女儿	daughter
儿子	son

第四节　委婉语文化传播与翻译

一、委婉语文化

（一）委婉语的定义

谈及委婉语的定义问题,我们想先从英文单词 euphemism 说起。euphemism 在英语中意为"委婉语""委婉的说法",该词源于希腊语

euphemisos[①]，可以分解为词头 eu 和词干 pheme。eu 意思为 good or well。英语中一些以 eu 为前缀的词大都表示"好"或者"赞美"之意，如 euphonious（声音优美的），eulogize（赞美）。pheme 意思为 speech，如 blaspheme 便译为"口出恶言"。因此，euphemism 从其构词法角度来讲，意思就是 good speech，我们可以理解为"好听的话"，这也是为什么 George Blunt 给委婉语作出的定义为：Euphemism is a good or favorable interpretation of a bad word."[②] 他认为委婉语就是用"好的"词去解释"不好的"词。进一步来讲，就是在一些语境和场合中，一些词的直言就是"不好的"，会造成刺激、尴尬、失礼等问题，但是词所涵盖的概念仍然需要进行表达，所以人们选择了一些"好的"词来进行代替，以达到委婉的表达效果。

1. 传统修辞学对委婉语的认识

在较长一段时间内，学界对委婉语的研究都是和修辞学结合在一起的。很多学者都将委婉看作是一种修辞格，其又被称为婉转或婉曲。这种研究倾向与我们的文化传统息息相关。例如，司马光在《迂叟诗话》中曾写道："意在言外，使人思而得之。"不论是托物言志抑或是婉转含蓄，都是古人对语言与修辞的精妙使用。李煜《虞美人》中："雕栏玉砌应犹在，只是朱颜改。"作者以雕栏玉砌和朱颜婉指对故国的思念。再比如，李清照《如梦令》中："知否？知否？应是绿肥红瘦。"作者以海棠花婉指心中的成长烦恼。这样的例子不胜枚举，意在言外是历代文人写诗赋词，抒发胸臆的重要手段。但不论在文学作品中，还是日常对话的委婉语中，它们在表达方式上都拥有一个共同点，那就是由于多种因素，对一些需要表达的事物不予以说明，换用其他与之相关的事物、说法曲折地表达出来，这就是我们所说的："直言曲说"。《说文解字》中指出，委和婉的本义分别为随和顺。这是二者表示动词的本意，但两个词都含有一种不能随心所欲，要附和遵从于他人的意思。因此，随着词汇的衍生和发展，二者都产生了"曲"的意思，放到语言表达中的意思就

① 李军华.现代汉语委婉语的社会映射与流变[J].湖南科技大学学报（社会科学版），2004（05）：80-84.
② 李军华.关于委婉语的定义[J].湘潭大学学报（哲学社会科学版），2004（04）：162-163.

是"曲折""不直接"。所以,可以大致认为,委婉一词所传达的字面意义就是"不直接"。而汉语修辞学对委婉语的解释也多围绕这一特点展开。例如,陈望道(1976)对"婉转"的解释为:"说话时不直白本意,只用委曲含蓄的话来烘托暗示,名叫婉转辞。"季绍德(1986)指出:"在一定语言环境里,遇到直说会强烈刺激对方的情感或预计直接表达会影响语言效果的时候,便不直说本意,采用一种委婉曲折的话来表达,这种修辞方式叫委婉。"李国南(2001)在分析英汉两种语言的基础上,对委婉的内涵进行了总结。他认为委婉作为一种辞格,又可以称为"婉转"或"婉曲"。汉语辞格"委婉"与"避讳"功能相加就等于英语中的辞格euphemism。姚殿芳、潘兆明(2003)对委婉的定义是:"有时候,人们不直截了当地把本来的意思说出来,而故意把话说得委婉含蓄一些,把语气放得缓和轻松一些,这在修辞学上叫婉言。"

这些从修辞角度对委婉语做出的定义在一定程度上总结出了其所具有的直言曲说的特点,但我们认为修辞学仅凭这一点做出的定义还不够全面。"修辞"在《现代汉语词典》中的解释为:"修饰文字词句,运用各种表现方式,使语言表达得准确、鲜明而有生动力。"而委婉语的形成显然不是修饰文字,运用表现方式这样简单,还存在一些让人疑惑的问题没有得到回答。例如,委婉和委婉语有什么区别或联系?委婉语是否仅仅是一种语言表达方式?委婉效果的达到都是哪些因素在发挥作用?

2. 现代语言学对委婉语的认识

面对种种疑问,很多学者不再仅从修辞视角来看待这一语言现象。随着研究的逐渐深入,语言理论日益丰富,越来越多的人意识到从现代语言学角度来对委婉进行探讨很有必要。束定芳、徐金元(1995)曾指出,修辞学中的很多委婉现象只是一种篇章委婉,而语言中的委婉现象多种多样。李军华(2004)指出,一个辞格并不能涵盖委婉语,把它放在辞格系统里委屈了它与直接语两分天下的语言地位。李军华(2010)还认为,委婉语作为一种语言现象,应包含"婉曲"这种修辞现象。还有很多学者已经开始了从认知语言学视角对委婉语的探究。由此可见,委婉语不仅仅是一种单纯的语言结构,更是一种认知的方式。[①]

（二）委婉语的特征

1. 民族性

委婉语是一种特殊的语言,语言是文化的一部分,是文化的表现形式,文化的特点反映的是民族的特点,不同的民族具有不同的文化特点。委婉语作为语言的一个组成部分,受到经济生活、社会结构、民族信仰等多种因素的共同制约,也因各自民族文化的不同而产生差异,在一种民族文化里被人喜爱的语言有可能在另一种民族文化里是言语禁忌。

在英汉语言中,"死"是人们非常害怕、不想提及的,英汉语言表达有关"死"的委婉语存在的差异性就反映出中西方鲜明的民族特征。在中国古代,佛教和道教对人们的思想产生了巨大的影响。孔子认为人应该用豁达的心态正确面对死亡,不应该害怕死亡,因此逐渐出现用"升天、仙逝、极乐世界、驾鹤西去"等代替"死"。英语中将"死"表现为 go to a better world, be with God, go to the heaven 等,这与西方人信仰基督教有关。中国人大都不隐瞒年龄,在称呼老者时,会在老者姓的前面或后面加上"老"字,认为这样能突出对方的年龄大,是一种尊称。但在西方人看来,old（老）是"无能"的代名词,会引起对方不快。

又如,与"生病"相关的禁忌也是交际中需要多加注意的,在中国古代汉语中,多用"身体不佳""身体抱恙"来表示,起名字的时候有古人名"霍去病、辛弃疾"等,现代汉语多用"不太舒服""有点难受"来表示。一些比较大的流行性疾病如新冠肺炎病毒用"2019-nCoV"来代替,全称为 2019-novel coronavirus,这既是为了方便简单进行缩写也是为了突出特点、降低大众的恐惧感。由此可以看出,委婉语的民族性特点也很明显,有些词语在这个民族中是正常的交流语言,说话时无需顾忌,可是有可能在其他民族中就变成了委婉语。

---

① 陈道明."委婉"不一定是"语"——试论非言语隐喻与非言语委婉[J].外语教学,2005,（02）: 10-13.

2. 普遍性

委婉语的适用范围十分广泛,其普遍存在于人类社会的各个阶层中。不管是生产力水平低的原始社会,抑或经济高度发达的现代社会,都会用到委婉语。禁忌无处不在,普遍存在于社会的各行各业、各领域和各群体,人与人生活在同一个世界,免不了要日常交际交往。因此,委婉语也就普遍存在于人们的社会交际中。不同地区、不同民族、不同的人由于受到地理环境、文化习俗、社会制度等影响,就会存在不同的禁忌。人类在日常交往中,言谈举止随时被禁忌约束,具备法律所缺少的制约性能,在自然、社会与人文之间搭建起和谐的关系,从而规范社会秩序。从古至今,从东方文化到西方文化,只要有语言,只要有人际交往,不管在什么时代,委婉语都是任何一个民族共有的一种语言现象。

3. 时代性

委婉语的时代性主要表现在随着社会进步、人类文化修养和综合素质的不断提高,很多在以前被视为禁忌的事物被逐渐解除和自然消失。

第一种是由于恐惧的心理而产生的禁忌现象。原始社会的人们由于生产力低下,对自然界万事万物认识不足,因此对一些自然现象或陌生事物会产生惧怕心理,彼时社会禁忌最为典型的特征是恐惧心理、盲目崇拜、消极防卫等。伴随着科技水平的提升,社会呈现出稳步发展的态势,大众的认识能力和水平提高,对自然界的规律有了清晰科学的认识和掌握,禁忌随之也发生了一些改变,具有当时那个社会的某些特点。

第二种是由于语言的更新变化,旧词不断被淘汰,新词不断涌现和使用。比如,在雍正时期,徐骏因"明月有情还顾我,清风无意不留人"中包含"清""明"二字,被当时的掌权者认定为心术不正、犯上作乱而被处以极刑。然而这两个字在唐宋时期却并非委婉语,如流芳百世的"清明时节雨纷纷,路上行人欲断魂"至今仍被世人津津乐道。在英国,Woman 在伊丽莎白时代是委婉语,代指"情妇",然而当今社会,Women却代表着普通的女性。最初之时,Money 是一个委婉语,当时社会大众在支付货币时只能说 "I am going to do the necessary."(我将去做必要的事了），然而当前 Money 却是一个普通词汇，能够被广泛应用于各个场所。[①] 由此可见，不同时期委婉语也存在较大的差异，早先许多委婉语现在可被广泛应用于日常生活与书面写作中。比如说，"鬼""月经"等原先被人类列为禁忌的语言可应用于多个场合，大众可以若无其事地用此类词语沟通交流。[②] 时代在不断发展变化，委婉语也在不断变化，这是委婉语在历史演变过程中的规律。

4. 含蓄性

含蓄性是委婉语的一个显著特点，禁忌就是对一些原本知道的事情想说不直接说出来，而是通过迂回的方式和模糊的概念来表达，以促进沟通交流。禁忌语的含蓄性代表着不会对某一事物、某种情况的实质进行评价，反而采用抽象、委婉的说法将难以启齿的话说出来。含蓄作为委婉语最为典型的语言特征，意味着不会对某一事物或者现象的本质特征下达直接的定义，此时交际双方可以使用间接手段表达难以说出口的事情，并且无需对此感到惭愧。比如，在现实生活中，对于矮的身材，委婉含蓄的说法有"五短身材""娇小玲珑"。现代人都以"瘦"为美，用"富态""丰满"的含蓄说法表达"胖"的意思，既避免了让对方听起来不舒服，同时也是换一种形式的夸赞。对人的残疾、生理功能缺陷，含蓄表达有"腿脚不方便（腿残）""眼睛不好使（眼瞎）""耳背""失聪（耳聋）""挂彩（受伤）"等。

5. 语境性

委婉语具有语境性。委婉语的运用不仅受到心理、文化、民族、宗教、价值观等因素的制约，也受到沟通、谈话场合环境的影响，如谈话的地点、时间、参与者、场合等。在会务、宴请等社交和比较正式严肃的场合，会尽量谨慎小心避免出现禁忌语，如有关性、隐私部位、不洁事物等方面的禁忌，这些历来都是人们讳莫如深的话题，但是在医生面前，这

---

① 孙丽红.英汉禁忌语比较其跨文化语用问题 [J].齐齐哈尔大学学报，2005（02）：94-97.
② 张宏伟，张建辉.略谈英汉禁忌语异同及其文化根源 [J].科学教育，2008（08）.48.

些都不再是"隐私"。医生与病人之间的沟通必须直接、毫不隐讳地说出来才能确保病情被了解、病症被有效地治疗。又如,在填写一些必要的表格或注册登记个人基本信息等情况时,年龄、婚姻、职业、个人收入、宗教信仰等这些原本属于"隐私"的内容也将变得不复存在。一些委婉语在当时的特定场合才成为禁忌,如依靠营运或捕捞为生计的船户忌说"沉""漏""帆"等词语,赠送他人礼物时忌送钟表,这是因为"钟"与"终"谐音。但这些词语在其他的场合就算毫不避讳地使用,也不会引起别人的反感和不悦。

6. 地域性

语言禁忌在不同的地区有着不同的表现,各个地域的人文风俗、行为习惯存在差异,这导致民众语言交流的风格与表达方式千差万别。例如居住在东南沿海地区的民众十分避讳"沉"字,这是由于渔民需要出海捕鱼,而此字极易令人与沉船相联系,更有甚者部分民众也禁说同音字,如出海者姓"陈",当对外说自己的名字时,由"耳东"代替。男士避孕套在不同国家也有不同的说法,英国将其称作是"法国的东西",而法国则将其称为"英国的东西"。由此可见,语音会因地域的差异而有所不同,委婉语亦是如此。

二、委婉语文化的英译方法

(一)尽量使用对等的委婉语

有的委婉语在英汉两种语言中能够找到非常相似的表达,可做对等翻译。例如:

长眠 to go to sleep

没了、不在了 to be no more

合眼、闭眼 to close one's eyes

逝世 to expire

献身 to lay down one's life

寿终 to end one's day

归西 to go to west

了结尘缘 to pay the debt of nature

准妈妈 a mother-lo-be

（二）套用目的语中的委婉语

有的委婉语在英汉两种语言中差异较大。套译目的语中的委婉语
或者直接将意思译出则更简便、易于理解。例如：

她已有七个月的喜了。

She's seven months gone.

可不可以用一下洗手间？

May I use the toilet?

我去办点私事。

I'm going to my private office.

我去去就来。

May I please leave the room?

失陪一下。

May I please be excused.

【理论聚焦】
　　中国自古以来就是礼仪之邦，人们在日常生活中十分注意社交礼仪
的规约。随着文化全球化的发展，国与国之间的交往日益紧密，中国自
然也不例外。在与国外人士交往的过程中，不仅需要倡导自身的社交礼
仪，而且需要充分了解交往对象所在国家的社交礼仪，如此才能确保交
际顺利进行下去。不管是中国还是西方国家，人名、地名、称谓语、委婉
语的历史都十分悠久。在翻译实践过程中，学生应注意不能想当然地对
这些专有名词进行翻译，而是需要依据一定的规则和方法展开。通常来
说，对于一般的人名、地名、称谓语、委婉语，学生首先需要了解这些名
字是否有固定的对应译法，如果已经存在约定俗成的译法，那么在翻译
时就可以直接使用这些名字，切勿自己进行随性翻译。

【同步练习】

1. 将下面的人名翻译成英文

（1）端纳

（2）乔布斯

（3）金尼阁

（4）麦都思

2. 将下面的地名英译

（1）英吉利海峡

（2）泰晤士河

（3）尼斯湖

（4）绿环岛

（5）大本 / 笨钟

（6）岭南地区

（7）珠江流域

（8）南粤之地

（9）珠三角

（10）珠江三角洲冲积平原

（11）（粤北）"后花园"

（12）南岭

（13）石坑崆

（14）雷州半岛

（15）雷州湾

（16）大鹏湾

（17）珠海白沙湾

（18）潮汕（沿海）平原

（19）九龙半岛

（20）香港岛

（21）亚洲的"世界之都"

（22）澳门半岛

3. 翻译下列称谓语

（1）鄙人

（2）阁下

（3）令尊，令兄

（4）家严，家慈

（5）舍亲，舍侄

（6）令郎，令爱

（7）犬子，小女

4.翻译下列委婉表达

（1）长眠

（2）没了，不在了

（3）闭眼，合眼

（4）献身，捐躯

（5）逝世

【参考答案】

1.将下面的人名翻译成英文

（1）William Henry Donald，澳大利亚人

（2）Steve Paul Jobs，苹果公司创始人

（3）Nicolas Trigault，法国传教士（1577—1629）

（4）Walter Henry Medhurst

2.将下面的地名英译

（1）the English Channel

（2）the Thames

（3）Loch Ness（苏格兰语的拼写）

（4）Luhuan Island

（5）Big Ben

（6）Lingnan Region（including Guangdong，Guangxi and Hainan provinces as a whole）

（7）（along）the Pearl River Valley

（8）Guangdong Province（旧时称 Canton）

（9）the Pearl River Delta（PRD）

（10）the alluvium made by the Pearl River

（11）the Backyard（Northern Guangdong）of Guangdong Province

（12）Mt. Nanling is the largest in Northern Guangdong

（13）Shikengkong Peak of Mt.（Dadong in Ruyuan Yao Autonomous County in the Northern Guangdong is the highest geographic point of the province，about 1 902m high above sea level）

　　（14）Leizhou Peninsula

　　（15）Leizhou Bay

　　（16）Dapeng Bay

　　（17）Baishawan Bay

　　（18）Chaozhou–Shantou Coastal Plain（mainly the Hanjiang River Delta）

　　（19）Kowloon Peninsula

　　（20）Hong Kong Island

　　（21）Asia's world city

　　（22）Macao Peninsula

　　3. 翻译下列称谓语

　　（1）I

　　（2）you

　　（3）your father，your brother

　　（4）my father，my mother

　　（5）my relatives，my nephew

　　（6）your son，your daughter

　　（7）my son，my daughter

　　4. 翻译下列委婉表达

　　（1）to go to sleep

　　（2）to be no more

　　（3）to close one's eyes

　　（4）to lay down one's life

　　（5）to pass away

【延伸阅读】

　　1. 杨海庆 . 中西文化差异及汉英语言文化比较 [M]. 北京：知识产权出版社，2005.

　　2. 杨贤玉 . 英汉翻译概论 [M]. 武汉：中国地质大学出版社，2010.

　　3. 殷莉，韩晓玲等 . 英汉习语与民俗文化 [M]. 北京：北京大学出版社，2007.

4.张安德,杨元刚.英汉词语文化对比 [M].武汉：湖北教育出版社,
2003.

5.张白桦.翻译基础指津 [M].北京：中译出版社,2017.

6.张娜,仇桂珍.英汉文化与英汉翻译 [M].成都：电子科技大学出
版社,2017.

第五章

中华民俗文化传播与翻译实践

　　中国历史文化源远流长、博大精深,在长期的发展与演变过程中形成了各种各样的习俗文化,对这些习俗文化的深入了解有助于了解不同区域中人们的生活习惯。中华的民俗文化众多,如传统节日、传统饮食、传统服饰、传统建筑等。本章就对这些中华民俗文化展开分析,并探讨汉英翻译的基本策略。

第一节　节日文化传播与翻译

一、中华传统节日文化分析

（一）中国传统节日的发展历程

1. 起源与初步发展阶段

这一阶段的时间大致从远古时期到春秋战国时期，这一时期，人们对自然现象和神灵的崇拜逐渐形成，出现了一些节气和节日的雏形，如春节、清明节、端午节、中秋节等。

2. 形成与发展阶段

春秋战国时期到秦汉时期是中国传统节日的形成与发展阶段，这一时期，节日庆祝活动逐渐形成，出现了一些固定的习俗，如春节期间的贴春联、放鞭炮、吃团圆饭、拜年等，端午节期间的赛龙舟、挂艾叶、饮雄黄酒等。

3. 多元化与成熟阶段

这一阶段的时间大致从秦汉时期到唐宋元明清时期，这一时期，节日庆祝活动更加丰富多彩，出现了许多新的节日，如元宵节、七夕节、中元节、重阳节等，这些节日逐渐成为中华传统文化的重要组成部分。

（二）中国主要的传统节日及习俗

1. 春节

春节，也就是我们常说的新年，是中华民族非常重要的节日，也被称为"过年"。春节起源于上古时代的岁首祈岁祭祀，历史悠久。随着中国的地位逐渐提升，世界上的其他国家也有庆祝春节的习俗。春节习俗丰富多彩，其中有许多已经有着几千年的历史，经过时代演变，成为固定的风俗，如除夕守岁、吃年夜饭、贴春联、挂年画、拜年、燃放爆竹、拜神祭祖、祈福攘灾、舞龙舞狮、送红包、吃饺子、吃年糕等。这些习俗都有着深刻的文化内涵，凝聚着中华民族的智慧和情感。春节的庆祝活动是从农历腊月二十三开始，一直持续到正月十五元宵节，其中又以除夕和正月初一最为热闹。在除夕夜进行守岁是春节最重要的活动之一，在这期间，全家人围坐在一起吃团圆饭，一起看春节联欢晚会，等待着新一年的到来。燃放爆竹是另一项重要的习俗，它能驱除邪恶，为新年增添喜庆气氛。拜年是一个家庭团聚的机会，人们互相拜年，祝福对方身体健康、万事如意。此外，还有许多地方会举行舞龙舞狮、送红包、吃饺子、吃年糕等活动。

2. 元宵节

元宵节是中国传统节日之一，以下是一些元宵节的习俗。

（1）吃元宵

正月十五吃元宵，在中国是由来已久的习俗。元宵的制作方法很多，可以用各种馅料制作汤圆，也可以用果蔬、肉类等制作。其中，最常见的是用黑、白芝麻和花生碎加上面粉、白糖、植物油等调配成馅料，包入糯米粉皮中制作成汤圆。此外，还有一种叫"百果元宵"的元宵，是用澄粉、生粉、猪油和水搅拌成团，放入果料蒸煮而成。元宵节吃元宵的习俗，体现了人们对幸福生活的向往和对美好事物的追求。这个传统节日如今已经成为中国文化的一部分，每年的正月十五，人们都会热热闹闹地庆祝元宵节。

（2）送花灯

送花灯是中国传统节日元宵节的一种习俗，也是一种古老的传统文化。送花灯的习俗起源于汉代，当时被称为"消寒灯"，据说是为了给民众照明，祛灾祈福。到了唐代，元宵节赏花灯、送花灯的习俗开始盛行。在宋代，送花灯成为一种流行的民间艺术形式，并逐渐发展成为一种表达爱意、表达敬意的方式。在明清时期，送花灯更加盛行，成为一种重要的文化活动。

送花灯的习俗一直持续到现代，虽然现在庆祝元宵节的方式有所变化，但送花灯仍然是元宵节期间的一项重要活动。人们通过送花灯来表达对亲人、朋友的祝福和爱意，也是对传统文化的一种传承和弘扬。送花灯的形式也非常多样化，可以根据不同的需求和场合制作不同形状和颜色的花灯。例如，可以制作大型的宫灯、花篮灯等，也可以制作卡通形状的花灯供儿童玩耍。在送花灯时，也有许多讲究，如要挑选寓意吉祥的花卉、颜色，选择吉日吉时挂灯等。

（3）耍龙灯

耍龙灯是中国民间传统的娱乐活动，源于上古时代的祭祀舞蹈，后来演变成了节日娱乐活动。耍龙灯的表演形式多种多样，但都离不开舞蹈、音乐和灯光等元素。舞蹈是耍龙灯的基础和核心，通过变化多端的步伐、高低起伏的动作和绚丽多彩的装饰，展现出龙的神韵和精气神。音乐也是耍龙灯不可或缺的元素，各种鼓点、锣声和歌声营造出热烈欢腾的氛围，让观众更加投入表演中。

此外，耍龙灯还需要借助灯光来营造出璀璨的氛围。各种形状、颜色和大小的彩灯，配合着音乐和舞蹈，将表演场地装点得五彩缤纷，让观众目不暇接，留下难忘的印象。

（4）舞狮子

舞狮子是中国优秀的民间艺术。舞狮是由彩布条制作而成的，每头狮一般由两个人合作表演，一人舞头，一人舞尾。表演者在锣鼓音乐下扮成狮子的样子，做出各种形态动作，喻示吉祥如意。

（5）猜灯谜

猜灯谜是中国传统的文化活动，是一项富有知识性和娱乐性的游戏。猜灯谜源于宋代，盛行于明清时期。猜灯谜是一种非常具有挑战性的思维活动，需要人们运用逻辑思维、创造性思维和语言表达能力来解决。

灯谜通常是由文字组成的,谜面和谜底之间有一定的关联,需要人们通过思考和推理来解决。谜语的答案通常是隐藏在谜面之中的,需要人们通过分析、比较、归纳等方法来推导出答案。猜灯谜不仅可以提高人们的智力水平,还可以丰富人们的文化生活。在现代社会,猜灯谜已经逐渐演变成一种商业活动,许多商家会在节日期间推出各种主题的灯谜活动,吸引人们参与。

3. 寒食节

寒食节起源于汉代,据说是为了纪念春秋时期晋国的名臣义士介子推。寒食节期间,人们不生火做饭,只吃冷食,所以称为"寒食"。这个节日最开始只有山西地区涉及,后来逐渐影响到全国各地。在寒食节期间,人们还会赏花、登高、赋诗、插柳等。寒食节是中国传统节日中的一个重要节日,它的历史悠久,文化内涵丰富。在现代,虽然这个节日的实际意义已经减弱,但是人们仍然会在这一天感恩亲情、友情和爱情,同时也会欣赏春天的美景,享受生活的乐趣。

4. 清明节

每年清明节,人们会扫墓祭祖,缅怀祖先,弘扬孝道亲情;也会踏青郊游,享受春天的美好,促进人与自然的和谐发展。清明节是中华民族的传统节日,节日习俗丰富多彩,凝聚着中华民族的智慧和情感,传承着中华民族的文化基因。

5. 端午节

端午节的起源和传说很多,但是最为广泛接受的是纪念屈原的说法。传说屈原是春秋时期楚国的大臣,他倡导举贤授能、富国强兵、联齐抗秦,但遭到贵族子兰等人的反对,被楚怀王流放。后来,秦国攻破楚都,屈原心如刀割,最终在五月初五投江自尽,以身殉国。为了纪念他,人们在五月初五划龙舟、吃粽子、挂艾叶等,有避邪、祈福、祭祖、娱乐等多种民俗活动。

端午节的庆祝活动很多,其中最具有代表性的是龙舟竞渡和吃粽子。龙舟竞渡表达的是对龙祖的崇敬,也是寓意迎接丰收的喜庆日子。在赛龙舟时,人们穿上彩色衣服,摇动锣鼓,载歌载舞,向着终点线划动着桨,争夺冠军。吃粽子是端午节的重要习俗之一,因为屈原的遗体被丢进江中后,人们为了不让鱼虾咬食屈原的身体,就将米饭用艾叶包裹起来扔到江里,形成了现在所见的粽子。端午节是一个富有传统文化内涵的节日,不仅是表达爱国情感和传承传统文化的重要方式,也是促进人与人之间的亲情、友情和爱情的重要途径。

6. 七夕节

七夕节是中国民间的传统节日,又称"乞巧节""七姐节""女儿节"等,是中国传统文化中最具浪漫色彩的传统节日之一。七夕节发源于中国古代,历史悠久,在古代,农历七月被认为是吉祥的月份,有着"七月七日长生殿,夜半无人私语时"的美丽传说。七夕节的起源有多种说法,其中最为流传的是关于牛郎织女的传说。据说,牛郎织女是天上的两个星宿,因为触犯了天条被罚在天河两侧隔河相望,只有每年的七月初七才能相聚一次。在这一天,人们会向织女祈求美满姻缘和生活幸福,还会进行一些具有象征意义的活动,如穿针乞巧、礼拜七姐、践行十种民间游戏、熏香塔等。在现代,七夕节已经逐渐成为一个非常浪漫和具有纪念意义的节日。除了在七月初七庆祝外,还有一些商家会在这个时候推出各种浪漫的活动和礼品,如鲜花、巧克力、礼物等,让人们在这个特殊的日子里更加感受到爱情的美好和重要。

7. 中元节

中元节是中国传统文化中的一个重要节日,也被称为"七月节""鬼节""盂兰盆节"。中元节的日期是根据农历七月十五日,也就是月圆之日确定的。在中国各个地区,中元节的习俗有着一定的差异,但大致可以分为祭祖、放河灯、祀亡魂、焚纸锭等几个主要环节。

（1）祭祖

在中元节这一天,人们会前往祖先墓地祭拜,表达对祖先的追思和尊敬。这一传统习俗可以追溯到上古时代的祖灵崇拜以及相关时祭。在《易经》中,"七"是一个变化的数字,是复生之数。在道教的中元节仪式中,人们会焚烧纸钱、供奉酒食,向祖先报告秋成,同时也表达了对逝去亲人的怀念和祝福。

（2）放河灯

放河灯是中元节的一项传统习俗,也是为了超度河中的孤魂野鬼。在这一天,人们会在河边放置河灯,灯笼上通常会写有祝福的话语,如"平安顺遂""阖家安康"等。河灯漂浮在水面上,随着波浪起伏,给人们带来一种安宁、祥和的氛围。

（3）祀亡魂

在中元节这一天,人们还会祭祀那些在人间游荡的孤魂野鬼,为他们送去供品和祝福。这些孤魂野鬼在人间没有归宿,四处漂泊,给人们带来了恐惧和不安。通过祀亡魂的仪式,人们希望能够为这些孤魂野鬼找到一个安息之所,同时也为自己积累功德。

（4）焚纸锭

在中元节这一天,人们还会焚烧纸锭,这是为了祭祀那些在人间没有享受完的亡魂。这些亡魂在人间没有得到超度,仍然在阴间游荡,需要人们的帮助和祭祀。焚烧纸锭可以为这些亡魂提供一些帮助和安抚。

8. 中秋节

中秋节的起源有多种说法,其中最为流传的是关于嫦娥奔月的传说。传说嫦娥被贬下凡间后遇到了后羿,两人相爱并生下了儿子蟾蜍。后来嫦娥因此受了惩罚,后羿知道嫦娥被罚后,通过仙女的帮助,在八月十五这天把嫦娥从月宫里带回到人间,两人重新团聚。从此,八月十五成为团圆和爱情的象征。中秋节的主要习俗有:祭月、赏月、吃月饼、看花灯、赏桂花、饮桂花酒、吃桂花鸭等。此外,还有给孩子"添岁"、妇女"坐月子"、老人"做寿"、焚香、燃灯、祭祖、祈福、猜谜、游戏、送节礼、拜土地公等民俗活动。

9. 重阳节

在古代,重阳节被称为"重九节"或"登高节"。人们在这一天会进行登高、祭祖、敬老、晒秋、赏菊、佩茱萸、饮菊花酒、吃重阳糕、吃羊肉面等活动,以示对长辈的尊敬和祝福。此外,还有一些地方会举行重阳棋赛。重阳节的起源可以追溯到上古时代的祭天祭祖活动,后来演变成了一个庆祝秋收的节日。在唐代,重阳节被正式定为民间节日。此后,重阳节又被赋予了敬老、感恩、祈福、健康长寿等新的内涵,成为一个传统的文化节日。

10. 冬至

在中国各个地区,冬至有着不同的习俗和传统。以下是一些常见的冬至习俗。

(1)祭祀

在古代,冬至节是一个非常重要的祭祀节日,人们会举行祭祖、祭天、祭神等活动,以表达对祖先和神灵的敬意。

(2)吃水饺

在冬至这一天,人们会吃水饺,因为据说这是为了纪念"医圣"张仲景,他在冬至这天舍药留下了"祛寒娇耳汤"的故事。

(3)九九消寒

九九消寒是一种传统文化,从冬至开始,以九天作为一个单元,每天按照九步算法,从而达到九九八十一天,冬天就过去了。这种习俗起源于汉代,后来流传至今。在九九消寒中,人们会绘制九九消寒图,来表达对冬天的美好祝愿。

(4)喝冬酿酒

在江南一带,人们会在冬至这一天喝冬酿酒,据说这种酒是用糯米、黄酒和糖酿制而成的,有着暖胃、驱寒、养生的功效。

(5)吃汤圆

在南方一些地区,人们会在冬至这一天吃汤圆,因为据说这是为了纪念"圆圆"的冬至日,同时也有着团圆、圆满的寓意。

(6)冬至节

在台湾、香港等地区,人们会在冬至这一天过节,称为"冬至节",这一天人们会吃年糕、喝冬酿酒、吃羊肉面等,同时也会进行一些祭祖、敬神的活动。

11. 腊八节

腊八节是中国的一个重要传统节日,也称为"腊八""佛成道节"等。腊八节的主要习俗包括喝腊八粥、吃腊八饭、腌制腊肉和晒腊肉、馈赠腊八粥等。腊八节也是人们表达对亲情、友情和爱情的感激之情的节日,人们会互相赠送腊八粥、腊八饭等。

12. 除夕

除夕是指农历年的最后一天,也被称为"年三十"或"大年三十"。除夕是中国传统文化中非常重要的一个节日,有着多种多样的习俗和传统。以下是一些常见的除夕习俗。

（1）年夜饭

除夕夜的年夜饭也叫团圆饭。它通常在农历年的最后一天,即春节前一天晚上举行,是中国家庭团聚的传统晚餐。这顿饭是年尾对一家人来说最重要的一顿晚餐,意味着一家人团聚在一起,共度幸福时光。在这个晚上,家人会共同享用美食,互相交流,表达对彼此的爱和关心。

（2）祭祖

除夕夜祭祖是非常重要的习俗,人们会准备好丰盛的饭菜,然后将香烛点燃,家里的年长者便会带着子孙们一起叩拜。在北方的一些农村地区,还会在家中焚烧纸钱。

（3）贴春联、窗花、福字、年画和燃放爆竹

贴春联、窗花、福字、年画和燃放爆竹是中国传统文化中过年的一部分。春联是贴在门上的对联,通常写有祝福的话语。窗花是剪纸贴在户上的装饰品。福字是贴在门上、墙上、门楣上的字,表示祝福。年画是挂在墙上的画,表示祝福。燃放爆竹,以哗哗叭叭的爆竹声除旧迎新。

（4）守岁

守岁是指在除夕夜守候到半夜,等待新年的到来。在这个过程中,人们会点燃蜡烛、燃放爆竹、打开门窗,以驱走邪灵和迎接新年。

此外,还有一些其他的除夕习俗,如吃饺子、送红包、拜年、穿新服、吃年糕等。这些习俗丰富多彩,代表着中国传统文化的魅力和人们对新年的美好祝愿。

二、中华传统节日的传播与翻译实践

节日来临的时候，人们总是想起自己的亲人和朋友，希望把最美好的祝愿送给自己所爱的人。下面是一些节日的祝福语，我们可以根据实际情况选择最合适的祝福语。

民俗节 folk festivals

清明 Pure Brightness/Qingming Festival

中元节（鹊桥节）Ghost Day；Double-7th Day

中秋节 Mid-Autumn Festival

重阳节 Double Ninth Festival

春节 Spring Festival

月饼 moon cake

重阳节 Double-9th Festival

冬至节 Winter Solstice

祭祖 ancestor-worshipping

开庙会 year-in-year-out ceremony

腊八节 Winter Festival

其中，春节（the Spring Festival）是农历（lunar calendar）的第一天，是中国人最隆重的传统节日，春节的历史非常悠久，所以与春节有关的词汇也特别丰富。下面我们介绍一些和风俗习惯及饮食有关的词汇。

剪纸 paper-cuts

烟花 fireworks

爆竹 firecrakers

舞狮 lion dance

舞龙 dragon dance

饺子 jiaozi

第二节　饮食文化传播与翻译

一、中华传统饮食文化分析

（一）中国传统饮食文化的变迁

1. 上古时期的饮食

由于上古时期的历史记载较少，我们对上古时期的饮食了解也比较有限。不过，据传说和文献记载，上古时期人们以猎捕和采集为主，同时也会饲养一些家畜，如鸡、鹅、鸭等。此外，人们还会食用一些野生动物，如野鸡、野鸭、野兔等。另外，上古时期人们还会制作一些糖类食品，如饴和饧，用于祭祀和节日；还会食用一些蔬菜和水果，如葵、韭、薇等。

2. 夏商周时期的饮食

夏商周时期的饮食文化已经有了较为丰富的发展，当时人们以粮食、肉类、蔬菜、水果为主要食物，基本形成了后世食物的门类。在这一时期，酒作为饮料，已经出现在人们的生活中，并逐渐成为一种重要的社交媒介。此外，当时的调味品家族还增加了酱、醋、糖等物品。在夏商周时期，人们对于食物的口感追求不断提高，不仅增加了食品的花色品种，还在食材的搭配上大胆创新，如将肉类与蔬菜搭配，或是在汤中加入不同种类的调味品等。同时，随着城市化进程的加快，商业市镇逐渐兴起，各类饮食文化也在这种进程中相互贯通交融，进一步丰富了食物种类，南北口味的区分也开始出现。

3.秦汉时期的饮食

秦汉时期的饮食有了很大的改进和发展,尤其是在粮食加工方面。汉代出现了许多新的粮食加工工具,如水碓、水磨、高转筒、高转斗等,这些工具的出现大大提高了粮食加工的效率,也使得粮食的种类和数量得到了极大的丰富。此外,秦汉时期的菜肴也十分丰富,主要包括畜禽类、水产类、蔬菜类等。畜禽类有牛、马、羊、猪、狗等,其中牛、马主要用于生产、运输和战争,一般很少食用,而羊、猪、狗等则成为人们猎食的对象。水产类主要有鲤鱼、鲫鱼、鲈鱼等。蔬菜类则有茄子、辣椒、黄瓜、大蒜、萝卜、韭菜等。

4.魏晋南北朝时期的饮食

魏晋南北朝时期,由于战乱和社会动荡,人们的生活条件比较艰苦,因此饮食上的变化不大。但是,由于北方少数民族的入侵和统治,带来了一些新的饮食文化和习惯,对魏晋南北朝时期的饮食产生了一定的影响。在粮食作物方面,魏晋南北朝时期的主要粮食作物仍然是小麦、大麦、豆类、谷物等,但是蔬菜和水果的种植则得到了广泛发展。在蔬菜方面,《齐民要术》中记载了30多种蔬菜的种植方法,包括茄子、葵菜、菜瓜、胡瓜、韭菜、堇、芥菜、蔓菁、芹菜、芦菔、瓠、蘑菇、芋头、冬瓜、芸苔、胡荽、桂荏、荏、兰香、苋菜、菰菜、莼菜、薤白、竹笋、藕、蓼、邪蒿等。在水果方面,魏晋南北朝时期的水果品种比较少,主要有梨、桃、李子、枇杷、柿子、杏子、杨梅、香瓜等,但是水果的种植却得到了极大的发展,尤其是在南方河流众多的地区,出现了很多果园和果村。同时,在魏晋南北朝时期,由于佛教的传入,带来了一些新的水果品种,如无花果、榴莲等。此外,在饮料方面,魏晋南北朝时期的茶叶已经开始出现,并逐渐成为一种重要的饮品。同时,魏晋南北朝时期的酒类饮料也有了一定的发展,出现了一些新的酒类品种,如清酒、浊酒等。

5.隋唐时期的饮食

隋唐时期的饮食文化十分发达,当时的主食种类有饼、饭、粥、糕等数种,而且出现了许多新品种,如胡饼、蒸饼、汤饼等。同时,海产和牲畜类的下水等也开始成为烹饪原料。隋唐时期,从国外引进了蔗糖和胡椒等调料,使得调味品的种类更加丰富。各种海鱼海产和各种牲畜禽类的下水脚料都已入馔,同时还利用调味品烹制出味道独特的海鲜菜和汤羹。另外,这一时期的烹饪技艺达到了一个新的高峰,出现了许多有关烹饪方面的专著,如王祯的《农书》、苏轼的《东坡杂记》等。

6. 宋元时期的饮食

宋元时期的饮食文化相对于隋唐时期来说有了一定的变化和发展。在食品种类方面,宋元时期的主食种类相对于隋唐时期更加丰富,出现了许多新品种,如馒头、包子、饺子、馄饨等。同时,宋元时期还出现了许多海产和牲畜类的下水脚料,如海参、鲍鱼、鱼翅、干贝、鹿筋等,这些原料在宋元时期的菜肴中也得到了广泛的应用。在调味品方面,宋元时期也引进了一些外来调味品,如胡椒、孜然、豆蔻等,这些调味品在宋元时期的菜肴中也得到了广泛运用。在食材的运用方面,宋元时期的菜肴中开始出现一些新的原料。在饮食制作技艺方面,宋元时期的菜肴制作技艺相对于隋唐时期也有了一定的提高,出现了一些新的烹饪方法,如炒、炸、蒸、炖等。

7. 明清时期的饮食

明清时期是中国饮食文化的又一高峰,饮食文化的特点主要表现在以下几个方面。

第一,风味多样。明清时期,各地的饮食文化日益丰富多彩,不同地区的菜系逐渐形成,如江浙菜、广东菜、山东菜、北京菜、湖南菜、四川菜等。同时,西餐、日餐等外来饮食文化也开始传入中国,丰富了中国的饮食文化。

第二,食材广泛。明清时期,新的食材不断被引进,如蚕豆、玉米、马铃薯、甘薯、辣椒、南瓜等,这些新的食材丰富了中国的饮食文化,同时也促进了农业的发展。

第三,饮食制作技艺的发展。明清时期,饮食制作技艺达到了一个新的高峰,出现了许多有关烹饪方面的专著,如《随园食单》《调鼎集》等,这些专著详细记录了明清时期的烹饪技艺和食材加工方法。

（二）中国传统饮食文化的特点

1. 风味多样

中国传统饮食文化的风味确实非常多样化,这也是中国美食被誉为世界美食之林的重要原因之一。中国地大物博,不同地区的气候、物产、风俗习惯都存在着差异,因此在饮食上也就形成了许多风味。例如,川菜以其味道浓厚、口感独特的川味菜肴而著名,川菜的特点是调味较为浓郁,善于使用麻辣调料,喜欢用鲜艳的配色和原料搭配,口味清鲜、爽口,讲究鲜、香、辣、麻和色、香、味、形的协调。粤菜则以其选料广泛、菜品精致、烹饪技艺高超而著称,广东菜系又可分为广府菜、客家菜和潮汕菜,每个地区都有其独特的风味和特点。例如,广府菜注重火候,口感清淡,强调原汁原味;客家菜则偏重咸香,口味浓郁,注重炒、炸、炖等烹饪方式;潮汕菜则以烹饪手法多样、鲜甜味美而著称。此外,闽菜是中国传统八大菜系之一,以其鲜美的口感、丰富的菜品和悠久的历史而著称。福建菜系有闽东菜、闽南菜、闽西菜三大分支,每个分支都有其独特的风味和特点。例如,闽东菜口味清淡,以鲜美、清淡见长;闽南菜口味鲜咸,注重调味,善于使用葱、姜、蒜等调料;闽西菜则偏重香辣,口味浓郁,以炒、炸、炖等烹饪方式见长。菜是中国传统八大菜系之一,以其清淡养生、鲜美滑嫩的特点而著称。浙菜的代表菜品有东坡肉、西湖醋鱼、龙井虾仁等,口味清淡,注重养生和保健。除了川菜、粤菜、闽菜、浙菜等地方性菜系外,鲁菜也是中国传统八大菜系之一,以其味道鲜美、风味独特而著称。山东菜系有济南菜、胶东菜、博山菜三大分支,每个分支都有其独特的风味和特点。例如,济南菜口味偏重咸香,以炒、炸、炖等烹饪方式见长;胶东菜口味鲜咸,以海鲜为主要原料,口感鲜美;博山菜则以火腿为主要原料,口味咸鲜,注重炖、炒等烹饪方式。

2. 四季有别

中国传统饮食文化的一个重要特点就是四季有别。根据季节的变化来调整饮食是中国传统饮食中非常注重的一方面。自古至今,这种传统一直得到延续,如夏天的饮食比较清凉、清淡,而冬天的饮食则味道比较醇厚等。

3. 讲究美感

中国的烹饪技艺源远流长，不仅注重食物的口感、味道和营养，还注重菜肴的美感。通过烹调，可以创造出各种各样的美食，让人们品尝到不同的味道和香气，感受到不同的口感和质感，享受到不同的文化和情感体验。

4. 医食结合

医食结合是中国烹饪的一大特色，指的是将食物和药物结合起来，利用食物的药用价值来达到防治疾病的目的。在中国，食物和药物的关系非常密切，许多食物具有药用价值，可以用来治疗疾病、预防保健。这种饮食文化历史悠久，而且在实践中也取得了很好的效果。中国的传统药膳是将中药和食物相结合制成的膳食，具有营养滋补、防病治病的作用。药膳可以根据不同的疾病症状和身体状况进行调配，选用不同的中药材和食材，达到调理身体、增强体质、预防疾病的目的。中国的传统美食——鲁菜，是医食结合的代表之一。鲁菜注重食材的搭配和调味，讲究"五味调和"，即五种味道——酸、甜、苦、辣、咸适度平衡，同时也注重烹饪技巧，尤其是对火候的掌握。

二、中华传统饮食文化的传播与翻译实践

（一）写实型——直译

"写实"，顾名思义，重在"实"，因此，"写实型"主要是指以菜肴的原料命名，能够直观地反映菜品的原料、刀工及其烹饪方法。以冬奥会为运动员提供的菜谱为例，"写实型"菜肴比比皆是，如荔枝鸡片（Sliced Chicken with Litchi Source），此类"写实型"菜肴中并没有包含文化信息，因此我们在翻译时应该遵循直译原则，简单明了地传递给外国运动员菜肴的主要信息，便于理解。

2008 年北京市人民政府办公室和北京市旅游局联合编撰出台的《中文菜单的英文译法》一书中，涵盖了 1500 多种常见中国菜肴的翻译，也为此类"写实型"菜肴的英译提供了参考，主要体现为以下两种形式：

菜名组合为原料＋辅料，如冬奥菜谱中的玉米排骨汤（Pork Ribs and Corn Soup）、冰梅凉瓜（Bitter Melon in Plum Sauce）、茄汁巴沙鱼（Basa Fillets with Tomato Sauce）。

菜名组合为烹调方法／刀工＋主料（形状）＋（with/in）味汁，如冬奥会菜谱中的荔枝鸡片（Sliced Chicken with Litchi Source）、番茄烩牛腩（Stewed Beef Brisket with Tomato）、青椒炒牛肉（Sautéed Beef with Bell Pepper）。

（二）写意型——意译为主＋直译为辅

据史学家研究，中国菜名重在"雅"字，为了展示文化底蕴内涵，中餐菜品的命名在不断追求"意美"这一境界，极富浪漫主义色彩，颇有古风诗韵，如"蚂蚁上树""凤凰展翅""七星伴月""黑白分明"等。在饮食文化的交流中，中西方菜名的差异颇为戏剧化。分析其根本原因，不难发现，菜品命名的差异直观体现出语言文化的差异。中国菜名本身就是艺术，多为意象、比喻形式的体现，有时由于地域文化的历史传承，菜名甚至融入当地的民间传说、典故、习俗等。如此命名的目的不仅在于命名，更是在于文化渲染、文化传播、文化传承、体现寓意、寄托情感、弘扬历史、增强地域民族感染力。基于本国文化熏陶荡涤，中国本土居民理解起来并不困难，但是由于中西饮食文化的差异，西方人民难以意会。西方人注重"简单""明了""实在"，菜名只需要体现菜的原料和做法，西方菜名更多颇为直接，其目的在于直观、理性地表达。因而，在翻译此类"写意型"菜肴时，应遵循"意译为主，直译为辅"的原则，可以舍弃菜名中对信息传递无关的信息，直接指出菜肴的主料、配料和烹饪方法等基本信息。重视菜肴的信息传递功能，以实代虚，化繁为简，简明扼要地译出菜肴的主料及做法，为外国人提供准确的菜肴信息，避免"虚"而不"实"。

以冬奥会菜谱之一"红烧狮子头"为例，"红烧狮子头"为扬州名菜，起于隋朝，盛于唐朝。前身是隋炀帝命御厨特制菜肴"葵花斩肉"。

唐朝时,人们觉得用巨大肉丸做成的葵花形菜肴宛如雄狮头颅,威武霸气,寓意盛唐国泰民安,也对应唐朝将军的狮子帅印,寓意戎马一生,所向披靡,因此从唐朝起,此菜改名为"狮子头"。官方将其译为 Stewed Pork Ball in Brown Sauce,准确简明地将狮子头的主要用料、做法及酱汁译出,这样才能让外国人一目了然,摆脱了原文内容的束缚,反之,若将其译为 Braised Loin's Heads,恐怕不仅不会吸引外国宾客,还会起到反作用,令其感到害怕。因为狮子在外国人眼中是百兽之王,狮子的头更是不可食用的,在翻译写意类菜肴时,译者还需充分考虑中外文化的差异性,尽量翻译出菜肴的实质性内容。

（三）典故型——直译 + 解释性翻译

中国诸多菜肴的名称中融入了历史名人或者历史典故,其目的多为表达赞扬或是缅怀纪念,能直观地体现历史,让人们在品尝菜肴的同时对文化历史留下深刻的印象。例如,"东坡肉"（Dongpo Pork）,其为北宋元祐年间,诗词大能苏东坡先生在杭州任职,治水有功,将肉工整切块后炖煮至香酥软烂,设宴与百姓同乐。百姓为纪念苏东坡,将此肉命名为"东坡肉"并流传至今。调查可知,外国人在冬奥会期间最喜爱的菜肴为"宫保鸡丁",宫保鸡丁是由清朝名仕丁宝桢所创,丁宝桢闲暇之时喜欢研究菜肴,将辣椒、花生、鸡丁爆炒后创造此菜。

丁宝桢担任四川总督时,为人刚正不阿,为官清廉,多建功勋。皇帝对其授予封号"太子太保"。宫保鸡丁的名字由此得来,一方百姓为了纪念一代名人为一方土地带来的恩泽就将此丁家私房菜发扬光大。官方给出的译文为 Kung Pao Chicken（spiced diced chicken with cashew）,也是直接翻译出"宫保"二字,然后稍加注解,因此在翻译此类"典故型"菜肴时,一般采取"直译 + 稍加注解"的方法,但是由于此类菜名往往承载较多的文化信息,所以在翻译的过程中难免会出现文化流失现象,因此有学者提出,可以在加注时,对菜肴的典故稍加说明,这样一方面能够让国外友人更加了解菜名背后的故事,给他们留下更加深刻的印象,另一方面还能促进饮食文化的相互交流。

（四）地方风味型——直译＋突出地方名

华夏地大物博，美食大致分为八大菜系，为了体现各地特色，在菜名中融入地理信息的情况也屡见不鲜。例如，"西湖醋鱼"（West Lake Fish in Vinegar Sauce），杭州西湖盛产草鱼，且由于西湖水系优良，使得其草鱼肉质鲜美。将西湖加入菜名使得菜肴获得了更高的评价，并且直观洞悉来源，加强地域自豪感，传播地域饮食文化。在冬奥会菜谱中，此类"地方风味型"菜肴也比比皆是，如北京烤鸭（Beijing Roast Duck）、广东点心（Cantonese Dim Sum）直接采用"地名＋原料/加工方法"的译法，即将地名与菜肴主料相结合。又如，四川辣子鸡（Spicy Chicken, Sichuan Style）、北京炸酱面（Noodles with Soy Bean Paste, Beijing Style）则是直接采用了"原料/加工方法＋地名汉语拼音＋Style"的后缀形式。

（五）数字型——简译

中餐中也多以数字命名，在中餐中，数字的意义多表示此菜的特点、精细程度、品质等级、食材数量等。例如，中国地方美食"三不粘"是用鸡蛋、面粉、蜂蜜在高温锅中颠炒而成的糕团型甜品，此菜软糯同时做到不粘锅、不粘筷子、不粘牙，因此得名"三不粘"，这一名字准确地体现了菜肴的特色。类似的还有"一品千丝豆腐"，一品表示菜的等级，千丝体现的就是烹饪师傅极致的刀工和细节，将一块嫩豆腐横切八十八刀，竖切八十八刀，每一根豆腐线条都细如发丝，共七千多条，因此用千丝命名。翻译这道菜名时应当做到灵活变通，碰到有内涵的数字，透过数字的表象看到本源，通过合理的翻译方式准确地体现菜肴名称。我们在处理此类菜肴时，尽量采取简译的方法，如冬奥菜谱中的八宝咸菜（Assorted Pickles）、素三鲜煎饺（Pan-Fried Vegetables Dumplings）、三丝炒米粉（Fried rice noodles），都是省略了菜肴中的数字，直接将菜肴的原料及烹饪手法翻译出来。

（六）寓意型——意译＋注释

在中国，很多事物都被赋予了超脱原本名称的寓意，如红豆代表相思,青、绿、翠代表生机、希望、美好,鲤鱼代表祝福或高升,金和玉往往寓意财气或良缘。这在传统饮食文化中也体现得淋漓尽致。如"翡翠白玉盅"(白菜豆腐汤)寓意平平淡淡、和和美美,"鲤跃龙门"(糖醋鲤鱼)寓意金榜题名或步步高升。在翻译此类极具文化寓意的菜肴时,我们仅需要遵循意译的原则,将材料和主要烹饪方法展示给外宾即可,但是有很多学者表示,这样的翻译没能达到信息传递的功能对等,因此可以在菜名后面稍加注释,简要介绍,让外宾了解菜肴的言外之意。

以冬奥会的菜肴之一四喜丸子为例:四喜丸子为中国"鲁菜"的代表之一,"四喜丸子"对应中国自古公认人生四大最喜之事,分别是:久旱逢甘霖、洞房花烛夜、金榜题名时、他乡遇故知。此外,在每年年末新春团圆之时,岁末天寒,风禾尽起,更是少不了四喜丸子,餐桌上的四喜丸子饱含了人们对辞旧迎新,来年春风吹满四时吉祥的美好愿景。官方将其译为 Braised Pork Meatballs in Gravy Sauce 也是遵循了这一原则,直截了当地指出此菜的烹饪方式、主要材料和酱汁,让外宾能一目了然。翻译需要在做到"信、达"的基础上,再去进一步去追求"雅",首先要准确地传达菜肴基本信息,然后可在其后稍作注释,体现出中华菜肴名称的"意"。例如:

老少平安 Steamed Bean Curd and Minced Fish(the whole family is well)

佛跳墙 Fotiaoqiang——the Buddha jumped the wall for luring by its smell(assorted meat and vegetables cooked in embers)

(七)极具中国文化特色型——音译

冬奥会期间,爱吃韭菜盒子的中国选手谷爱凌,也因边吃韭菜盒子边等成绩登上了热搜,外媒也对中华美食之魅力充满了好奇。调查发现,GLOBAL TIMES 在对此报道时,将韭菜盒子译为 Jiucai Hezi, traditional Chinese snack, a pan-fried dumpling filled with chives and vermicelli noodles,直接采用了音译+注释法,用汉语拼音译出韭菜盒子,再对其进行解释——中国的传统小吃,原料为韭菜和粉丝的煎饺子。再如:比赛期间吃豆包走红的"豆包小姐姐"马耳他运动员珍妮斯·斯皮泰,马耳他驻华大使卓嘉鹰(John Aquilina)在接受采访时更是表示,许多马耳他人因为斯皮泰而知道了什么是豆包。在视频采访中,大使先生直接把豆包的英文名称翻译为了汉语拼音 doubao。这样的翻译更有利于跨文化交流，就像提到"三明治"，大家都知道是 sandwich，提到汉堡，大家都知道是 hamburger，直接音译中华美食 doubao，Jiucai Hezi，能更加直接、有效地传递菜肴的文化信息，也更能体现出我们对中华美食的文化自信。

第三节　服饰文化传播与翻译

一、中华传统服饰文化分析

（一）中国古代服饰的基本样式

1.深衣

深衣是中国传统文化中的一种服饰，属于上衣和下裳的组合，通常由两件长袖衣和一条裙子组成。深衣最早出现在西周时期，但其形制和穿着方式经历了多次变化。深衣的特点是长袖、直领、袖口和衣襟上有缘边，使用不同的材料和颜色进行装饰。深衣在中国历史上一直是一种非常重要的服饰，被广泛地应用于各种场合，包括正式场合、祭祀、婚礼、丧礼等。

2.元端

元端是古代中国的玄色礼服，是先秦朝服的上衣。士冠礼、士婚礼亦用之。古代祭祀时，天子、诸侯、士大夫皆服之。天子燕居时亦服之。

3.袍、襦、褐

袍、襦、褐是指古代中国人穿的一种衣服，它们的形制和穿着方式有所不同。袍是一种较长的衣服,通常为交领右衽,长度一般达到膝盖或膝下。袍在秦汉时期又称为袍、褐衣,在魏晋南北朝时期逐渐发展成为一种正式的礼服。襦是一种短款的上衣,长度一般在腰部以上,下摆仅盖住臀部。它在秦汉时期也称为袍,但比袍短。褐是一种粗劣的衣服,质地粗糙,通常由毛、棉等材料制成。它在秦汉时期也称为袍,但比袍更为粗糙。

4. 裘

裘是一种皮毛一体的外衣,通常用动物的皮毛制成。它在中国历史上很早就被人们穿着,被称为"裘"。在《左传》中就有关于裘的记载,"夫文豹之有皮,犹士人之有礼也",意思是说文豹虽然有皮毛,但仍需要礼仪来保护它。裘的质地和用途也有所不同,有皮毛制成的,也有丝绸制成的。

5. 褙子

褙子是汉服传统服饰的一种。它是一种短袖、对襟的上衣,袖口领口通常是素色的,而衣服的下摆有时是裙子有时则是裤子。褙子最早出现在先秦时期,在唐代十分流行,并且在明代和清代仍然很受欢迎。穿着褙子的人通常会把下摆系在腰带上,或者自然下垂。褙子通常是直领对襟,袖口和领口通常是素色的,而衣服的前后襟则可能有不同的绣花或者镶边。在某些场合,如婚礼、丧礼等,人们可能会穿着全身素色的褙子,这被称作素色褙子或者孝服。在日常生活中,人们会根据场合和个人喜好选择不同颜色和款式的褙子。

6. 比甲

比甲是古时一种便于骑射的服装。类似后来的背心。这种服装在中国历史上非常流行,通常由丝绸或棉布制成,质地轻盈,穿着舒适。比甲可以单独穿着,也可以与其他衣服搭配,如衬衫、裙子等。

（二）中国传统服饰的功能

中国传统服饰最根本的用途是遮羞保暖。随着历史的发展，服饰的功能也不止局限于此。在中国古代，服饰的装身功能被提到突出地位，使其作为一种区分贵贱和等级的工具。不同等级的官员所绣图案不同，有着严格的等级规定，不可越级使用。在长期的劳动和生活中，人们使用服饰形制符号，诞生了"吉祥图纹"。吉祥图纹取物之声韵、形状、属性、意蕴等，利用植物、动物、人物等形态的组合，以及劳动、生活或社会场景的再现。中国传统服饰强调整体和谐的设计原则。在盛唐时期，国力殷实，对外经济、文化交流甚广，服饰也随之广博各国之长，推出无数新奇美妙的冠服。特别是女装，色彩艳丽夺目，款式奇异纷繁，大胆开放。至宋代，国力渐弱，以"理学"为统治思想，宋代服饰受到理学思想的影响，崇尚"中正平和"，讲究规矩方正，强调儒雅和谦让，衣饰色彩较为清雅素淡。女装衣领高耸，袖口宽大，裙子长至曳地，服饰纹样也变得简约。这种风格一直延续到明清时期，成为中国传统服饰的主流。

二、中华传统服饰文化的传播与翻译实践

（一）保留文化意象法

为确保译文的忠实性，对等翻译是一种常用方法。英汉两种语言虽然属于不同的语系，但仍然存在着共通之处。两种语言在交流中可以找到相互替换的、相同含义的词汇。此处保留文化意象法指的是在英语中能够找到不少相似且可以替换的词，因而可以采用直接对等的翻译手法，但是要注意文化因素的影响，从文化角度来处理原文。

女子盛装百鸟衣 women's holiday costume hundred-bird coat

百鸟衣是苗族一个支系的服饰，源于该支系苗族人对鸟的崇拜，他们自称"嘎闹"，是上古蚩尤氏族中以鸟为图腾的"羽族"之一，当地人衣服上绣着各种鸟形鸟纹，再加上衣服飘带缀着白色羽毛，这种衣服被当地人称作"百鸟衣"。文化翻译观指出，翻译应该把文化作为翻译的基本单位，而不是停留在以往的语篇之上。'百鸟'二字可以采取直译的方法，利用连字符"-"将 hundred 和 bird 连接起来修饰 coat。但该

译文存在不足,"百鸟衣"是属于苗族服饰文化特有的意象,译文中应该增译 of Miao nationality,向读者传达"百鸟衣"是苗族的服饰这一文化特点。综上,"女子盛装百鸟衣"建议译为 women's holiday costume hundred-bird coat of Miao nationality。

"百褶裙" pleated skirt

"百褶裙"是苗族服饰中常见的女子下装,在英语中也有固定译法,因此将其直译为 pleated skirt 是合理的。

"蜡染围腰" wax-printed apron

根据词典,"蜡染"在英语中可找到固定译文,可译为 batik(a method of printing patterns on cloth using cloth)或直译为 wax printing。"围腰"作为苗族女子盛装的重要饰品,主要用于装饰上半身。此处将"围腰"译为 apron(a piece of clothing worn over the front of the body, from the chest or the waist down, and tied around the waist)是合理的。

"凤纹银冠" silver crown with phoenix pattern

"凤纹银冠"为贵州苗族少女盛装头饰。银冠亦称凤冠,帽体由银丝编结而成,纯银制。"凤纹银冠"可以在英语中找到含义对等的词,因此,《中国苗族服饰图志》中将其直译为 silver crown with phoenix pattern 是合理的。

(二)替换文化意象法

在巴斯奈特文化翻译观视角下,译者不能直接从译语中找到对等表达时,应当遵循发挥主观能动性的原则。贵州苗族服饰中包含了众多文化负载词,它们当中有些词汇可以采用直译的方式,但还有一些词汇没有固定的译法。此外,在翻译的过程中,译者即便能够将单个词对等翻译出来,也不能确保准确传递文化内涵,原因在于不同文化背景下的受众往往倾向于以自己已有的观念来理解译文。因此,在翻译贵州苗族服饰文化词汇时,基于对这些表达文化内涵的理解,译者可以采取音译加注等处理方法,在译文中替换了原文中的文化意象,也达成了文化上的等值。

"牯脏衣" Guzhang costume

贵州榕江月亮山地区苗族的"百鸟衣",原为古代祭祀时穿芦笙时穿戴,现作节日盛装衣饰,亦称为牯脏衣。衣饰宽大,无领对襟,前胸和后背刺绣鸟、龙、蝶等纹样,下缀有百鸡羽毛,色彩古朴斑斓、绣饰粗犷,显示出苗族古代巫文化的传统观念。《中国苗族服饰图志》一书中将"牯脏衣"译为 Guzhang costume,虽然传达了原文的表面含义,但忽视了其背后的文化内涵,没有达到文化交流的效果。结合"牯脏衣"的文化背景,此处可以采取音译加注的方法,建议修改为 Guzang costume (dressed at the time of sacrifice in ancient times)。

"青布脚笼"black-cloth leggings

"青布"往往指的是青色或者黑色的布。此处"青布"指的是黑色的布料,故译为 black-cloth。"脚笼"一词在现实交流中并不多见,查阅资料可知,这一服饰为"裹腿"一类,因其成对出现,故译为 leggings (outer coverings for the legs, worn as protection)。因此,《中国苗族服饰图志》一书中将"青布脚笼"译为 black-cloth leggings 是合理的。

"无领右衽上衣"collar-less right-buttoned jacket

"无领"一词在英语中有现成表达,不需使用连字符"-"。所以此处可将连字符"-"去掉,直接译成 collarless。根据词典,衽,本义衣襟。左前襟掩向右腋系带,将右襟掩覆于内,称右衽。故《中国苗族服饰图志》中将"右衽"译为 right-buttoned 是合理的。因此,"无领右衽上衣"的译文建议修改成 collarless right-buttoned jacket。

"鼎"hat

此处的"鼎"并不是青铜器中所谓的"鼎",而是贵州省黄平县谷陇乡少女所戴的圆筒形挑花帽或者儿童戴的小花帽。因此,为了传递文化含义,实现文化交流,此处可以采用音译加注法,建议将"鼎"的译文修改为 Ding (small embroidered hat)。

"银压领"silver collar weight

银压领是一种压饰,主要流行于贵州清水江流域苗族地区,因佩戴后可平整衣襟而得名。《中国苗族服饰图志》中将其翻译成 silver collar weight,这一译文直译过来会迷惑英语读者,使他们不知所云。根据其具体含义,此处可采取音译加注法,建议将其修改为 silver collar weight (silver ornament that makes collar flat)。

"刺绣麒麟纹云肩"embroidered shoulder with unicorn pattern

中国云肩亦称披肩,它与霞帔等同属一个系统的概念,均为披搭在领肩部位的服饰品。《中国苗族服饰图志》中将"云肩"译为 shoulder。根据词典,shoulder 的英文释义为 the part of a piece of clothing that covers the shoulder,中文意思为"(衣服的)肩部"。由此可知,此处将"云肩"译为shoulder是不准确的。因此,根据"云肩是搭在领肩部位的服饰"这一含义,建议将"云肩"译为shoulder adornment。

"女子贯首衣"woman's through-hole jacket

分苗族贯首衣历史悠久,因"幅中作孔,穿中而贯其首"而得名。《中国苗族服饰图志》中将"贯首衣"译为through-hole jacket,这一译文虽然表现了该服饰的特征,但译成中文"穿孔的夹克",受众不免会感到困惑。根据服饰特征,此处可采用音译加注法,译为woman's Guanshou costume(with a round neckline for the head to go through)。此外,为体现服装的民族特性,"女子贯首衣"建议译为Miao nationality's woman's Guanshou costume(clothes with a round neckline for the head to go through)。

"刺绣上轿衣"embroidered wedding costume

贵州省安顺市黑石头寨苗族服饰女子盛装上衣称为上轿衣,喜事时穿戴,布料为缎子和彩色蜡染布两种。"上轿"一词是典型的中国传统词汇,为文化负载词。书中在处理这一译文时,考虑到了"上轿衣"的文化内涵,将其译为wedding costume,体现了该服饰的文化特征,英语读者能够获知其中的文化含义。

第四节　建筑文化传播与翻译

一、中华传统建筑文化分析

中国最早的古建筑是浙江省余姚市河姆渡村的史前建筑,这是人类发现的第一座木构建筑,总建筑面积约40000平方米,堆积厚度约四米,叠压着四个文化层。第四层大约建于6900年前,经过对C-14相关文物的测量,第三层和第四层有大量的动植物、文物、建筑、木制品,以及数以千计的陶瓷、骨器和木桨。

在中国史前时期,"下者为巢,上者为营窟。"(《孟子·滕文公下》)。当时在中国北方,由于气候和地理条件的原因,大多数洞穴都是由石窟构成的。考古发掘时,考古学家在西安附近的半坡、临潼附近的姜寨村挖掘了许多古聚落和建筑。

我国北方史前窑洞民居的发展过程大体上处于初始阶段,主要为竖洞,后来逐渐扩大和深化,其树干(支撑枝)起着进出窑洞的阶梯作用,后来,这样一个深邃的洞穴可能不容易接近,所以它变成了一个半洞的形状,这个形状是从一个口袋形状的半洞发展到一个直墙半洞,这种洞有表面。屋顶是由中央的木头支撑,并发展成多极支撑。最终,它逐渐发展成地面,成为地面建筑。

姜寨位于临潼河村附近,陕西省有许多历史文化遗址。它是仰韶文化的地标,总面积超过 20000 平方米。这里发现了 100 多座房屋和大量房屋和塔楼。过去的一些新石器时代模型反映出它们在建筑形式上与大坝(建筑物)相似,但更为完整和典型。其余地区被北部、东部和南部包围。西南除了半坡和姜寨,中国北方其他地区的许多人住在东部和南部。山东省龙山市(山东省西北部)这里的大多数建筑工地都是圆形的半空心房屋。早期建筑的平面形状也是正方形,不同尺寸但均为半洞穴,主要分布在陕西、黄安、河南、河北等地,属于龙山文化层。

春秋战国时期,天下四分五裂,各地诸侯纷纷营建各自的都城,因此这一时期我国的城市建设发展得很快。

秦始皇于公元前 222 年统一了中国,虽然秦朝只有短短的 10 年,但它在建筑方面也取得了巨大成就:举世闻名的长城和秦始皇陵,以及一座宏伟的阿房宫。

西安是西汉王朝的首都。它位于西安的西北部,比当时的古罗马城大几倍。汉代长安城的形状非常不规则,这可能是受地形的影响,但史书上说它的形状是根据星座的形状建造的。

东汉时,洛阳宫南门为正门,南大门位于洛阳东侧,北宫位于洛阳市东北部,南北都位于北墙附近,这些宫殿比西汉长安的宫殿小得多,但很雅致,后来随着东汉的衰落,都城洛阳也随之衰落。

魏晋时期,曹魏邺城位于城北,建筑布局合理,如城内正中,故宫大门为封闭式广场,大门端至大殿前院,大殿为中心;大厅的左右两边是钟楼和鼓楼,中间的宫殿和办公室布置得很整齐,进入司马门时,路两旁有许多官府衙门。

自东晋以来,中国一直被分为南北两部分,南晋始于东晋,后经宋、齐、梁、陈三代,再加上东晋之前的吴,共有六个朝代。建都建康(东吴时称建业），即南京，历史上被称为"六朝"，六朝处于鼎盛时期。南京故宫建设取得了举世瞩目的成就，后来又出现了宋、秦、齐、梁三代，东晋至宋元嘉禾十五年（公元438年），东宫建在东晋雍和宫的原址上，延展至秦朝。

隋朝都城大兴，故宫名大兴宫，位于都城北面的中轴。唐朝改名为太极宫，东宫为东宫，西宫为掖庭宫，皇后住在那里。

太极宫很大，东西长1285米，南北长1492米，是今天北京故宫面积的三倍，宫之四周设十座门，南五（中间承天门，东为长乐门、永青门，西为广运门、永安门），东一（通训门），西二（通明门、嘉猷门），北二（玄武门、安礼门）。

从19世纪中叶到20世纪下半叶，中国的城市和建筑发生了重大变化。在此期间，一些大城市出现了商业港口，房屋（租让地）成为城市的一部分。

二、中华传统建筑文化的翻译实践

建筑英语翻译具有一定难度，要想翻译出高质量的作品，就需做好对专业词汇的学习与运用；在翻译过程中注重翻译的文化属性与实际应用要求；翻译人员要不断丰富自身知识储备与实践经验，多阅读，多实践，不断更新自身翻译理念与翻译技巧，并在翻译过程中树立文化意识，重视文化差异，从多个角度出发去思考与认识建筑翻译，能够充分考虑语序、语言风格、语言习惯及语境等要素，注重语言的情感表达与语言的美感，在准确表达原意的基础上对语言作适当修饰，使译文更易阅读、更易理解，更加符合目标语言的语言环境，更具有人文性。

下面来看一些我国常见的建筑文化词汇及其翻译。

骑楼 sotto portico（qilou in Chinese）

开平碉楼 Kaiping Castles

石板巷 stone-slab-paved lanes

羊城（The）City of（Five）Rams

五羊雕塑 Statue of Five Rams（The Statue of Five Rams is the emblem（symbol）of Guangzhou City）

光孝寺 Guangxiao Temple（the first Buddhist temple even before Guangzhou coming into being and famous for its Five-Hundred-Abbot Hall）

光塔 Guangta Minaret, located in Huaisheng Mosque

能仁寺 Nengren Temple

金刚法界 the Invincible Dharma

六榕寺 Liurong(Six-Banyan)Temple

云津阁 Yunjinge Pavilion

牌楼 pailou

曲桥 zigzag bridge

水榭 waterside pavilion

柳堤 river bank(embankment/ causeway)lined with willow trees

【理论聚焦】

本章对中华民俗文化的传播与翻译实践进行分析。第一节分析了中华传统节日的发展历程与中国主要的传统节日及习俗,并分析了一些重要节日与庆祝的翻译技巧。第二节分析了中国传统饮食文化的变迁、特点以及具体的饮食结构,并论述了写实型——直译、写意型——意译为主＋直译为辅、典故型——直译＋解释性翻译、地方风味型——直译＋突出地方名、数字型——简译、寓意型——意译＋注释、极具中国文化特色型——音译几大翻译技巧。第三节分析了中国古代服饰的基本样式与功能,并论述了保留文化意象法、替换文化意象法两大翻译技巧。第四节分析了中国建筑的发展以及中国传统的木质构造建筑,并探讨了一些重要建筑的翻译。

【同步练习】

1.试翻译下列节日词汇

(1)民俗节

(2)清明

(3)中元节(鹊桥节)

(4)中秋节

(5)重阳节

(6)春节

(7)月饼

(8)藕品

(9)香芋

（10）柚子

2. 试翻译下列饮食词汇

（1）烤乳猪

（2）红烧鱼翅

（3）鱼肚汤

（4）冬瓜炖燕窝

（5）生猛海鲜

（6）海味

（7）市井美食

（8）甜食点心

（9）云吞面

（10）及第粥

3. 翻译下列服饰文化词汇

（1）这次聚餐需穿无尾晚礼服，系黑色领结。

（2）入侵者在大雾的掩护下发动了进攻。

（3）他把员工累得满头大汗。

（4）捷克足球队在 2004 年欧洲足球锦标赛中狂胜丹麦。

4. 翻译下列建筑文化词汇

（1）西关大屋

（2）竹筒屋

（3）客家围（龙）屋

（4）骑楼

（5）开平碉楼

（6）石板巷

（7）羊城

（8）五羊雕塑

（9）光孝寺

（10）光塔

【参考答案】

1. 试翻译下列节日词汇

（1）folk festivals

（2）Pure Brightness/Qingming Festival

（3）Ghost Day；Double- 7th Day

（4）Mid-Autumn Festival

（5）Double Ninth Festival

（6）Spring Festival

（7）moon cake

（8）lotus varieties

（9）taro

（10）pomelo

2. 试翻译下列饮食词汇

（1）roast suckling pig

（2）stewed shark fins

（3）fish maw soup

（4）stewed bird's nest with white gourd

（5）fresh seafood

（6）seafood of all sorts

（7）home dishes/delicacies

（8）dim sum

（9）yuntun noodles

（10）congee

3. 翻译下列服饰文化词汇与句子

（1）It is a black-tie dinner.

（2）The invaders attacked under the cloak of fog.

（3）He gave his employee a wet shirt.

（4）Czech football team beat the pants off Danish football team in 2004 European Football Championship.

4. 翻译下列建筑文化词汇

（1）Xiguan（western side）dawu mansions

（2）zhutongwu mansion

（3）Hakka's circular house（weiwu in Chinese）

（4）sotto portico（qilou in Chinese）

（5）Kaiping Castles

（6）stone-slab- paved lanes

（7）（The）City of（Five）Rams

（8）Statue of Five Rams（The Statue of Five Rams is the emblem（symbol）of Guangzhou City）

（9）Guangxiao Temple（the first Buddhist temple even before Guangzhou coming into being and famous for its Five- Hundred-Abbot Hall）

（10）Guangta Minaret, located in Huaisheng Mosque

【延伸阅读】

1. 吕尔欣. 中西方饮食文化差异及翻译研究 [M]. 杭州：浙江大学出版社，2013.

2. 杜苗著. 翻译与建筑 [M]. 北京：中国财政经济出版社，2018.

3. 苏柳梅. 建筑文化与翻译 [M]. 长春：吉林大学出版社，2018.

4. 马炳坚. 中国传统建筑探究 [M]. 天津：天津大学出版社，2021.

5. 卢红梅. 华夏文化与汉英翻译 第 2 部 [M]. 武汉：武汉大学出版社，2008.

6. 周丹，余演，谭燕保. 中国服饰文化翻译 [M]. 武汉：武汉大学出版社，2021.

7. 徐杰. 中国传统节日 [M]. 天津：天津人民出版社，2019.

8. 赵建民，金洪霞. 中国文化四季 五味杂陈 中国传统饮食文化 [M]. 济南：山东大学出版社，2017.

第六章

中华自然文化传播与翻译实践

　　人类生活在大自然中，自然界中的山山水水、动物植物伴随着人们的生活，成为人类生活中不可或缺的一部分。经过漫长的历史发展，山水、动植物在不同地域文化中被赋予了不同的文化内涵，反映着各自民族的精神世界。这也为山水、动植物表达的翻译带来了极大的挑战。当然，随着这些自然文化的产生，也出现了形形色色的色彩文化。本章就重点从山水文化、色彩文化、数字文化、动植物文化几个层面对中华自然文化作深入的对比分析，继而研究对应的翻译方法。

第一节　山水文化传播与翻译

一、中华传统山水文化分析

在当代人文语境下,山和水作为人生存活动的空间范畴,承载了更丰富的语境,山水观的哲学在当代环境下的重申与发展,是中国哲学思想发展的核心,也是指导艺术审美的重要标准。

(一)谢灵运的山水诗及意境

谢灵运在《山居赋》自注内早已提到这样的说法:"南山是开创卜居之处也。从江楼步路,跨越山岭,绵亘田野,或升或降,当三里许。途路所经见也,则乔木茂竹,缘畛弥阜。横波疏石,侧道飞流,以为寓目之美观。"[①] 文句正暗示了"寓目之美观"是以"途路所经见也"作为基础,即以目寻景及赏景,以寓目所见山水加以感悟及创作而成就美感,这就是谢灵运本人所提出的山水"寓目之美观"。据前人统计,谢灵运在被贬永嘉后开始大量地创作山水诗,说明永嘉贬谪是谢灵运的身体由政治之场隐退到山林空间的契机,为其隐居、追求山水及其山水寓目之美观的生发提供了必要的空间条件。如果说永嘉贬谪让谢灵运于被动中获得了畅游山水的机会,那么进入山林后的诗人便开启了对山水美景的主动寻赏。山水之"寻"在诗中也有体现,如:

> 晨策寻绝壁,夕息在山栖。(《登石门最高顶诗》)
> 怀新道转迥,寻异景不延。(《登江中孤屿》)
> 杪秋寻远山,山远行不近。(《登临海峤初发彊中作与从弟
> 惠连可见羊何共和之》)

---

① 顾绍柏校注.谢灵运集校注[M].郑州:中州古籍出版社,1987.

谢灵运山水诗里的写景诗句,因其浓郁的山水审美意识,使诗句较少有主观意识的介入而更显客观,这与前人借景抒情或情景交融的写法大相径庭,故而小尾郊一认为这得力于谢灵运的自然美的鉴赏之眼、"情用赏为美"之心,以及因他在山水穷登极涉而得来的真实个人经验。钟嵘《诗品》评道:"寓目辄书,内无乏思,外无遗物,其繁复,宜哉!"王夫之评道:"谢诗有极易入目者,而引之益无尽,有极不易寻取者,而径遂正自显然,顾非其人弗与察尔。"然谢诗因其相对客观的特点造成了情景分隔的艺术特征,故有"玄言的尾巴"之说,山水诗文中的审美观照也为人所忽视。

受山水画"以形写形以色貌色"观念的影响,谢灵运在行游过程中尤其留意真山真水给诗人留下了视觉乃至身体的印象,力求客观还原景物的真实形貌,《文心雕龙·明诗》中"情必极貌以写物,辞必穷力而追新"的"极貌"便是对谢灵运笔下山水形象的极好概括。首先,在视觉上表现为色彩的艳丽,即色彩的对比度较强、饱和度和明度极高及动态的逼真;其次,诗人在俯仰游目与举步投足中,由于身体涉入山水而真实感受了山水高深繁密的空间形貌。

(二)王维山水诗中的禅境与画境

由于王维常于行住坐卧中行禅,六根大开,发现了较之前的山水诗更为细微的日常风景,笔下的山水多是见于外而呈于心的须臾之物,视野迥绝,听动入微,使诗歌体现出单纯玲珑的禅境。诗人在极其静寂的空间中,即景会心,以物观物,进入物我两忘的无我之境。对王维山水诗成就的评价,历来离不开诗画关系的视角,苏轼就高度概括了王维诗画的关系:"味摩诘之诗,诗中有画;观摩诘之画,画中有诗。"王维在其《偶然作六首》中亦说道:"宿世谬词客,前身应画师。"可见他对自己画师身份的认可。词客与画师的双重身份让王维充分意识到了诗画之间的互通,并高度自觉地将画技融于诗中,以画入诗,用诗性的语言描绘一幅幅生动的山水画面,表达自己对自然的感悟和心灵理性的追求。在其后期的《辋川集》中,禅境与画境互通,诗、禅、画巧妙地融合为一体,充分体现出含蓄蕴藉的美学特点。

王维诗之"静"体现在禅修、静观的方式与静穆空寂的心灵,"动"即其诗中充满无限想象与生机的自然生命的涌动,静动皆由禅起。禅境在王维诗中具体表现为"即景会心"的"无我之境"和含蓄蕴藉的"象外之象"的空间模式。如《鸟鸣涧》：

　　人闲桂花落，夜静春山空。月出惊山鸟，时鸣春涧中。

这首诗虽有"人闲"一词，却并非"人闲"才"桂花落"，人的存在毫不妨碍桂花之开落。山谷空寂，山鸟因月起而惊，不时鸣叫于春涧中……山中景物各自兴发，显示了"物各自然"的宇宙规律。诗人在直接的感观里，以其空寂澄静之心感悟到了宇宙生命的本质，这便是"以物观物"的观照方式。王维不刻意表现自己的身体意识以及展现蕴含于山水之间的哲理，而是让自我消隐放空，让自然呈现其本来面目，让自我的胸襟情怀和无限理趣自然地涵摄于山水之间。诗人也从不刻意思辨说明什么，山水之间的理趣反而自然彰显，有陶渊明"此中有真意，欲辨已忘言"之妙。

二、中华传统山水文化传播与翻译实践

汉语中的山水具有丰富的文化意蕴，因而对这些含有山水内容的唐诗展开翻译时，困难就比较大。有学者指出，这种具有文学意象的诗具有可译性，通过一定的方式可以将其转换成另外一种语言中类似的物象，从而准确传达其寓意。也就是说，"流水"和"山"可直译为 water, river, stream 和 mountain, hill，直译后"流水"和"山"的文化内涵会基本得以保留。[1] 例如：

　　　菩萨蛮
　　　　无名氏
　　　枕前发尽千般愿，
　　　要休且待青山烂。
　　　水面上秤锤浮，
　　　直待黄河彻底枯。
　　On the pillow we make a thousand rows, and say,

① 孙蕾.英汉文化与翻译研究[M].北京：中国书籍出版社，2014.

Our love will last unless green mountains rot away.

On the water can float a lump of lead,

The Yellow River dries up to the very bed.

（许渊冲 译）

望庐山瀑布

李白

日照香炉生紫烟，遥望瀑布挂前川。

飞流直下三千尺，疑是银河落九天。

译文一：

CATARACT ON MOUNT LU

Li Bai

The sunlit Censer perk exhales a wreath of cloud.

Like an upended stream the cataract sounds loud.

Its torrent dashes down three thousand feet from high,

As if the Silver River fell from azure sky.

（许渊冲 译）

译文二：

Viewing the Waterfall at Mount Lu

Li Bai

Sunlight streaming on Incense Stone kindles a violet smoke,

Far off I watch the waterfall plunge to the long river.

Flying waters descending straight three thousand feet,

Till I think the Milky Way has tumbled from the ninth height of Heaven.

（Burton Watson 译）

第二节　色彩文化传播与翻译

一、中华传统色彩文化分析

（一）中华传统色彩观

1.五行与五色

中国人的色彩观与五行思想有着密切的联系,五色体系最初的构建,来源于夏商周时期推行的五行思想,秦汉时期将阴阳学说、五行学说与色彩相结合,赋予了色彩阴阳五行属性,即青属木,赤属火,黄属土,白属金,黑属水。原始阴阳学说认为,天地间的万物属性存在着阴阳盈虚、阴阳相交和阴阳相迫的关系。邹衍在此研究基础上提出了"五行生胜"论,认为构成世界的五种物质元素是相生相克的,即金生水、水生木、木生火、火生土、土生金是五行相生的转化形式,而金克木、木克土、土克水、水克火、火克金是五行相生的转化形式。因此,五色体系受到这种观念的影响,在原有的色彩体系中衍生出了丰富的间色系统。其中,青为首,赤为荣,黄为主,白为本,黑为终,对应"五行相生",即白生黑、黑生青、青生赤、赤生黄、黄生白,汉代的五色祥云运用的就是五色相生的配色;五色相混则为"间色",如白黑相混得灰色,黑青相混得绛色,青赤相混得紫色,赤黄相混得縓色,黄白相混得缃色,便是五色相生得到的五间色,五色相克则是另一套间色。在五间色的基础上通过多次叠加混合,就可以得出不可胜数的复色,孙子用"色不过五,五色之变,不可胜观也"来形容这种色彩的万千变化。五色系统中的青、赤、黄与现代西方色彩学中的蓝、红、黄三原色是对应的,现代科学证明从三原色中可以得到一切颜色,而五行色彩体系将黑、白二色也作为原色使用,是因为"黑"与"白"在中国的传统色彩语境中并不是单纯的"无彩色",白色作为基础色,是其他色彩的开始,黑色蕴含着五色,是一切色彩的归宿。因此,黑与白象征着阴阳两界,万物由阴阳而生,终归于阴阳。元代倪瓒的山水墨画中"运墨而五色具",便是这种色彩审美意识的体现。

五行色彩知识在秦汉已基本完善,并根据色彩体验和象征内涵,形成了色彩与万物的对应关系。邹衍提出的"五德终始说",也将五色影响推升至国家政治体制和伦理道德层面,使色彩成为一种可以叙事的媒介。"单色崇拜"的色彩信仰由此出现,这种现象也被称为"色尚",即古代帝王根据国家运势,用"五行相胜"理论和天理循环的自然法则推导出来的"德"色。这种"德"色的主要体现是在封建等级制度下的用色制度和民间装饰、绘画用色中的审美表达。此外,五色还对应着五方、五味、五季、五音等,在学术研究上与天文学、占卜术、地理学、算数学、中医学、营造术等都存在着密切联系,构成了庞大的五色世界观,渗入国家政治、文化、社会生活的方方面面。

2. 儒家色彩观

儒家思想是影响中国政治法律最为深远的,其核心内容在于维护"礼治",主张"德治",宣扬"人治"。因而,这种观念影响下的色彩观把孔子的"克己复礼为仁"的思想吸收,强调以"礼""仁"为核心,将色彩象征与"礼""仁"的美学范畴相联系,使色彩成为某种固定的社会象征,从而构成了"美""善"与五色融合的色彩观念。一方面,这种色彩观念下的色彩形象不再是单一的色彩视觉感受,而是更注重色彩的社会象征。如"恶紫之夺朱",孔子所恶的不是"紫色"本身,而是作为间色的"紫色"僭越了作为正色的"赤色"地位,使尊卑不分,这不符合孔子所倡导的"礼"的制度,打破了"礼"的规范,故而恶之。另一方面,在儒家的色彩观念中,色彩的使用在符合"礼"的标准下还必须使人产生"仁"的积极效应。如"美"与"善""文"与"质"的审美联系,都是强调美的形式与内容是对立统一的整体。延伸到色彩的表现上,表现为中庸思想基础上的色彩形式与色彩内容的统一,认为内外协调的和谐之美才能达到"仁"的要求。其所体现的就是"礼仁合一"的色彩观念,这种观念在当时影响的不仅是政治礼制,还包括社会生活、宗教文化、建筑经济、民风民俗等各个方面,使色彩的表现变得更加社会生活化,推动了色彩形象在当时社会生活中的普遍性,同时也使色彩成为维护社会秩序的一种标志。"以色比德"也是儒家色彩美学中重要的色彩观念。所谓"比德"就是将色彩与社会伦理道德相联系,赋予色彩道德、人格属性,通过对审美客体的主观联想与想象,使色彩成为某种象征,从而使色彩象征化、情感化。如孔子曰"仁者乐山,智者乐水","仁者"从山的形象中找到与自身相匹配的特质故而"乐山","智者"也从水的形象中看到与自身相似的品德,故而"乐水"。这种"比德"的审美观念也从思想观念上影响了儒家色彩的用色观念。因此,以"色"比"德",以"礼"束"色",成为儒家色彩观念中独特的色彩表现形式。事实上,儒家色彩文化不仅赋予了色彩伦理道德的象征,还肯定了色彩的美学价值。如"目之于色有同美焉""目之情欲色,心弗乐,五色在前弗视",都说明了人们对色彩美的心理感受是相通的。因而,儒家通过"礼"来约束人们用色,用"仁"来规范人们用色的标准,构成了"礼仁合一"的合"度"之色,这种中庸和谐的色彩观念为传统建筑室内色彩和谐氛围的营造奠定了理论基础,使五行色彩文化的表现愈加成熟。

3. 道家色彩观

以老庄思想为核心创立的道家思想主张"无为而治""道法自然","无为"并非无所作为,而是顺应事物的自然发展规律。事实上,这种"无为"观念的本质追求在于"道"。道家认为宇宙万物皆由"道"而生,终归于"道","道"即自然,"道"是无形无相、无所不在的存在,是一种深奥的自然规律,可以支配和控制一切事物的运动和变化。因此,道家强调要与自然和谐共处,追求"道法自然"的境界。在这种观念影响下的道家色彩观强调色彩的自然和谐与平素朴实,追求色彩的真实之美。如《道德经》中的"白玉无瑕,大道无形""柔弱胜刚强"的描述,都体现了道家对柔和自然的追求。道家还强调"玄学",认为宇宙间存在着一种玄妙而深奥的联系,只有通晓了这种玄妙之学,才能真正领悟"道"的真谛。老子批判"五色令人目盲"的同时,主张"虚""无""空"的审美思想,不喜色彩的华丽,追求色彩的返璞归真,即黑与白的无彩色系。道家以黑色反对五彩色,认为"白立而五色成矣",表现了"虚无"的观点,这种色彩观念影响了中国传统绘画艺术色彩。主要表现在传统的山水墨画上,主张"运墨而五色具""不施丹青而光彩照人",运用墨色的变化,强调神韵,把丰富的色彩转化为恬淡的墨色变化,用"墨"书写胸中逸气。

这种无色胜有色的朴素色彩观反映了道家高度的辩证思维能力。总的来说，道家根据阴阳五行理论，将色彩视为物质世界的基本构成部分之一，赋予色彩以深刻的哲学内涵。道家对色彩的阐释不仅为中国传统色彩文化注入了新的思想和精神，也为人们的审美观念带来了新的启示和拓展，成为中国文化中独具特色的一部分。

4. 禅宗色彩观

佛家禅宗的色彩观可以概括为"色即是空，空即是色"。这个观念意味着色彩并非实体，而是一种表象，它没有自我存在的本质，是"唯心性"与"玄"的一种表现。因此，禅宗强调超越色彩的表象，去掉表象的束缚，达到心灵的平静和超越。禅宗色彩观继承了道家的"虚""空"的色彩观念，并在此基础上发展出自身独特的色彩观念，主张"黑恶"和"白善"。随着佛教文化的流入，在魏晋南北朝时期，佛教迅速发展并与当地的民族文化相融合，从而形成了具有中华民族特性的佛教艺术。在色彩的表现上多以青绿和重彩色为主。

此外，禅宗的色彩表现中也强调对自然界的观察和感悟，体现出自然界与人的内心的统一。如在色彩表现上，强调形式应自由和随意，反映出禅宗的"无我"观念和"顺其自然"的态度。黄色在佛家禅宗的色彩观念中常常被视为神圣与智慧的象征；红色象征高贵、吉祥，这与传统五行色彩学说和中国传统文化中红色代表喜庆、热情等方面的象征有关。如在佛教寺庙中，常常会用红色绘制的壁画和佛像，以表达对佛教神圣的尊崇之情。佛家禅宗的色彩观念和色彩表现是一种具有深刻哲学思想和精神内涵的艺术表现方式，它既反映了人们对色彩的超越追求，也传递了对自然、生命、自由的深刻理解。

综上所述，无论是阴阳五行的相胜论、儒家的"礼仁合一"、道家的"虚、无、空"还是禅宗的"空灵、玄妙"的色彩观，都是先辈们在努力创造的一种整体架构的色彩理论体系，即"中国传统五色观"，这种观念影响下的色彩发挥形成了带有民族特色的色彩表现，呈现出强大的色彩精神，赋予了中国传统色彩独特的审美文化与特征。

（二）传统色彩的审美特征分析

"色喻吉祥"是中国传统色彩贯穿古今的最典型的审美特征。从原始社会的宗教图腾色彩到封建社会的政治伦理色彩以及近代的民俗色彩，其色彩意象的本质都带有吉祥的意味。

由于早期社会生存环境的恶劣，先民需要理解未知的宇宙，期望能够找到与之和谐相处的方式，色彩便成了人与这个世界沟通的桥梁。"赤，赫也，太阳之色也"，先民认为太阳是普照万物给予万物新生和温暖的，代表苦难的结束，象征着生命、希望与温暖。因此，这种对太阳的崇拜心理延伸到现实生活中对赤色的崇拜，赤色便被赋予了吉祥的象征。而制作赤色颜料的原材料是生活中常见的赤铁矿粉，也是中药"赭石"，这种颜料的使用有着药用的特性，能够解毒、安神和杀菌，帮助先民祛除病害。故而，赤（红）色也常被应用到古代祭祀活动中，先民相信红色可以为他们带来神力，抚平病痛。可见，这种色彩意象，承载了先民对现实生活的祝福和精神信仰的寄托。在现今广西左江流域的花山岩画上，依然可以清晰地看到古骆越人用红色颜料生动描绘的祭祀、庆典的场景。

在封建礼制的政治环境影响下，色彩被赋予等级象征，成为统治者权力象征的重要标志。如商代将五色体系划分等级区分，"正色"为尊，"间色"为卑，赋予了五色特定的象征，规定只有贵族才能使用。"五彩备谓之绣"的色彩意象充分体现了正色在当时的社会地位象征。邹衍推行的"五德终始说"根据"五行相胜"的理论推导出，夏尚木德，青盛；商尚金德，白盛；周尚火德，赤盛；秦尚水德，黑盛等。因而，这种"德"色成为每个朝代具有代表性的吉祥色彩。

在严格的封建等级制度下，色彩还被作为政治伦理的物化形态，被用来当作明贵贱、别上下的标志。如皇帝冕服的色彩分十二章纹；官员的朝服色彩按品阶服色；百姓按身份阶级服色，不同的场合需要严格按照宗教礼法使用色彩。若用色失序，则被视为"不吉"的象征。因此，在这种严格的等级观念和儒家礼教思想双重加持下的色彩，早已脱离了色彩的自然物质属性，被赋予了皇权的象征，成为政治伦理的代表色。

民间色彩的吉祥意象最为突出。长久以来，人们对吉利、祥瑞的事物和避凶趋吉、招财纳福、延年益寿、吉祥如意等意念极尽追捧。这种意念来自人们对美好生活的向往。从早期社会的自然崇拜、占卜吉凶,到道教教义与儒学思想的并进融合,使封建统治阶级上层产生了追求皇权永固、富贵长生、得道登仙的向往。这种意念影响下的民间艺术产生了诸多艺术创作,如"宝相花""唐草纹""祥云纹"等寓意吉祥的民族纹样。因此,为了突出吉祥喜庆的氛围,在色彩的使用上,大量使用了较为丰富明艳的色彩搭配。其中,以清代末年的年画色彩表现最为突出,象征意味浓厚。如以祥瑞为主题的清代苏州桃花坞年画《一团和气》,使用了五色并置的色彩搭配,色彩饱满,五色齐备,象征祥瑞;以辟邪为主题的年画《钟馗》,人物形象以朱色为主,民间认为朱色是最为阳性的颜色,用来克阴邪之气。此外,随着近代商品经济的发展,民间艺术达到了新的高度,最终形成了以民间民众审美意识情感为主体的吉祥意象。

综上所述,传统色彩美的意象包含了对现实生活的象征性、情感性、精神性以及民族性的特质,使色彩的表现形式内涵丰富且意味独特。

二、中华传统色彩文化传播与翻译实践

(一)直译

直译指颜色词所表示的指称意义,因为这种意义在汉英两种语言中是相同的,所以可以直接按字面基本意义译出。例如:

红酒 red wine

黄酒 yellow wine

(二)意译

意译是指有些颜色词在汉语和英语里的引申比喻意义不一样,翻译时完全脱离指称概念,而直接将其比喻意义译出。特别要指出的是几种主要基色如"红"与 red 的引申意义几乎相反,"黄"与 yellow 的引申意义也大相径庭,"黑、白"与 back,white 的引申意义也不尽相同。所以,在翻译时要特别注意。

下面来看一下英汉颜色词的翻译实例。

黄土 loess

红宝石 ruby

绿宝石 emerald

红榜 honor roll

红豆 love pea

红运 good luck

红柳 rose willow

红薯 sweet potato

青丝 black hair

第三节　数字文化传播与翻译

一、中华传统数字文化分析

在人际交往的过程中，受到民族、宗教、地域、语言、文化等影响，数字被赋予了丰富多样的文化内涵和意义。数字本身不分好坏优劣，但由于其背后的文化意义而被人们喜欢或成为禁忌，吉祥的数字给人以正面的心理暗示，因此人们乐于使用，而寓意不吉利的数字使人感觉不适，久而久之就成了禁忌数字了。在中西方数字文化中，最为典型的数字禁忌莫过于"4"和"13"了。

（一）数字"4"的禁忌

在中国，数字"4"在某些地方是需要避讳的，因为数字"4"和"死"谐音，不吉利，因此人们认为使用带有数字"4"的事物会给自己带来不好的运气，甚至是灾难。我国古代很多有关"4"的成语、歇后语大多都带有贬义的色彩，如"不三不四""朝三暮四""家徒四壁""丢三落四""说三道四""四分五裂"等。现代社会，人们在选择车牌号、楼房号、电话号码等数字时，都会选择避开带有"4"的号码，如"14"（谐音"要死"）、"54"（谐音"我死"）、"84"（谐音"爸死"）、"444"（谐音"死死死"）、"914"

（谐音"就要死"）等。对数字"4"，西方的一些民族和国家却是非常崇拜的，认为它是公平和正义的象征，早期的基督教象征主义者认为数字"4"代表的是福音传教士，是统一、坚韧和正义的象征。

（二）数字"6"的禁忌

在我国的传统文化当中，"6"广受大众的喜爱，因"6"与"禄"的发音相似，而"禄"则象征着高官显贵、功名利禄，蕴含着古人对权力、财富的追逐，故而"六六大顺"流传至今。当今时代，"6"象征着"顺利""好运"，"168"（一路发）更是被许多商人所喜爱，现在流行用"666"来表达"很厉害""非常棒"的意思。

但西方国家对数字"6"的禁忌如同中国人对数字"4"的禁忌一样，这种禁忌来源与基督教有关。"6"被西方国家认定成大凶，尤其是"666"被《圣经》用来代表魔鬼撒旦，是一个十分可怕的数字，也正因如此，基督教信徒从内心深处就十分害怕"6"这一数字。

（三）数字"7"的禁忌

在汉语中，尤其是在古代民间某些地方，数字"7"也是比较敏感的，"7"的谐音是"凄"，带有不吉利的意思在里面，"七"在地区有"拐"之意，通常表示事情朝着较坏的方向前进，在广东客家地区，客家人对数字"七"很禁忌，客家话中"七七八八"是麻烦的意思，客家人的丧葬习俗中有"走七""七七""四七""做七"禁忌之俗，"走七"俗称"撞七"，"撞七"则须举家走避，俗谓"撞三没撞四，撞得生人没点气"，报丧后第28天（俗称"四七"），"七七"（即报丧后49天）内禁孝子孝孙理发，忌碗筷叠放以防丧事层出不穷。"七"会使人联想到"鬼怪""消逝"，因而在我国的传统文化里，农历七月代表着鬼月，寻常百姓家也以下葬七天为首个祭日。

在西方文化中，"7"代表着好运，是一种吉利的象征。《圣经》写道，上帝利用七天创造万事万物，赋予大地生机与活力，并在亚当诞生后取其肋骨，创造出夏娃。故而欧美文化中的"7"极具神秘之感，并追求七大品质、七次圣餐，不管是高尚的品质、善良的事迹均凑够"7"次。

（四）数字"13"的禁忌

13 对于中国人来说是极其普通的数字，并没有什么需要特别注意
的地方，也没有成为数字上的禁忌，"1314"在年轻人眼里被看作爱情天
长地久的象征，意味着"一生一世"。

西方人认为"13"是个非常不吉利的数字，在最后的晚餐中犹大就
是第十三个入席的，后来因为他背叛了耶稣，耶稣被钉死在了十字架
上，因此人们忌讳与"13"有关的所有事物，"13"被认为是不祥之数。
在西方，很多饭店没有 13 号房间，很多摩天大楼没有第 13 层，一张桌
子上吃饭的人数不能是 13 位，有些航空公司没有第 13 号班机，海员们
厌恶在 13 号启程等。

（五）数字"18"的禁忌

在中文中，特别是普通话以及大多数方言中，"18"的发音与"要发"
相似，因而"18"被现代中国人看作十分幸运的数字，意味着人们渴望
收获财富、生活富足。但是在古代的畲族文化当中，"18"却是一个禁忌
数字，各种喜庆活动均不能在 18 日举办，而且男女也不可选 18 岁为成
婚的年纪，否则，以后的人生就要遭受 18 种磨难。

在西方，数字"18"是一个比较普通的数字，没有需要特别注意和禁
忌的地方。

从中可发现，不同的数字在不同的种族信仰、地区人文、宗教习惯中
所代表的含义存在差异，在文化传播和翻译工作中应注意尊重数字背后
的文化色彩。

二、中华传统数字文化传播与翻译实践

（一）语言中的数字

汉语中有"千里挑一"，英语中也有 one in a thousand 的说法。也有
一些意合而数异的说法，如汉语中有"一个巴掌拍不响"，英语中却说"It

takes two to make a quarrel."其实意思是一样的。汉语中将"小偷、扒手"有时称作"三只手",在美国俚语中也有时将贼称作 five-finger,这两种叫法中,数字词的不同是由于其"组码"的出发点不同。"三只手"为"多"之意,five finger 则有特指之意,但所指的都是同一事物——"小偷"。汉语中有"乱七八糟"的说法,而英语中却说 at sixes and sevens。

在姓名称谓中,英汉语数字运用也有相同之处。如古汉语中有"二人为友,三人成众"的说法,而英语有对应说法 two is company, but three is none 及 "Two's company and three's crowd."英语习语本身也有意义碰撞产生:"Three may accord , but two never can. "但英文中有一种表达在汉语中却无法找到对应表达,即"Seven may be company , but nine are confusion."。

此外,有一些英文数字表达的意思也是汉语数字所没有的,如 four leaf(幸运草),Five-o(警官),four o'clock(紫茉莉),forty winks,(一会儿,片刻),fifth wheel(累赘),like sixty(飞快地,很猛地),thousand year egg(松花蛋),eleventh hour(最后时刻),take ten(小憩,休息一会儿)等,不胜枚举。

汉语中的数字词语在语言中的应用面较英语要广得多,这是由汉字本身作为象形表意"音素"文字的特点所决定的。当然,由于语言是文化的一部分,受文化的影响与制约,所以归根到底是由汉民族自身的文化特点所决定的。

总的来讲,由于汉民族讲求"天人合一",讲求与自然的和谐统一,所以人们更倾向于将自己置于自然中去体悟自然、观察自然,故文字中的联想和感情色彩就更为丰富一些。数字在人名、地名、构字、词、语句中都被广泛地运用。

（二）用数字来代表特定事物、概念的用法

在汉语中,我们可以发现以数代人或代物的说法,如通常人们所说的"略知一二""说不出个一二三来"等话语中,便以"一二""一二三"代事物的情况或因由头绪等。描述人的词也有,比如人们在骂人时说"那人是二百五""十三点",表示此人鲁莽,没有头脑等意。但这些词的来源不详,有人解释"二百五"为古代一吊钱一半之一半,形容其无用,十三点则由"痴"字的笔画数而来。在称谓中,兄弟之间会有"老二,老三……"等称呼以示排行,同时也明确了所指。

上述这类数字词语多常见于口语、俚语之中,具有一定代表意义。这里还有一点值得一提,汉语数字词因是笔画文字,所以在笔画形象表达功能上是英文这一拼音文字的数字词所无法比拟的。汉语在字形与指写事物之间可以找出共同点,如汉语中有"一字眉,三字纹,八字胡,十字架"等词语,巧妙地将所写事物的线条与数字词本身的笔画图形连接了起来。

第四节 动植物文化传播与翻译

一、中华动物文化传播与翻译

(一)中华动物词汇文化分析

1.动物词汇的分类及其隐喻

动物界中有大量不同的动物种类,为了方便分类和研究,动物学家使用七个主要等级的分类系统对它们进行归类。这些等级从大到小依次为:界、门、纲、目、科、属、种。每个等级都代表了不同的分类特征,如形态、细胞、遗传、生理、生化、生态和分布等。随着时间的推移,人们不断发现新的动物物种,并根据它们的特征为其命名。此外,人们还通过构造新词来称呼新发现的物种,以便于进行交流和研究。

我们讨论的动物词汇主要包括以下两类:一类是动物名称词,即单纯的动物词,另一类是动物衍生词。

(1)动物名称词

动物名称词是指专门用来表示某种动物的名称或称呼的词语。这些名称通常是由动物学家或其他相关领域的专家根据该动物的特征、形态、生态、分布等方面的特点而命名的。通过使用这些动物名称词汇,人们可以更准确、简洁地描述和交流关于某种动物的信息,如"兔、龙、马、鸡"等。由于不同国家或民族的文化、生活方式、价值观等方面存在着较大差异,某些动物所代表的隐喻义也会因此而不同。例如,"龙"在中国文化中一般被当作吉祥的动物,代表着尊贵、权威等正面意义,而在西方文化中,龙则通常被视为一种残暴的怪物,代表着危险、邪恶等贬义。

（2）动物衍生词

动物衍生词可分为以下两类:

第一类为合成词,如"黑马、懒虫"等,这些词随着社会的发展被赋予了隐喻义。

第二类为动物熟语,包括动物成语、谚语、歇后语、惯用语,如"笨鸟先飞、早起的鸟儿有虫吃、对牛弹琴、九牛二虎"等。《现代汉语》指出:"熟语又叫习用语,是人们常用的定型化了的固定短语,是一种特殊的词汇单位。熟语内容丰富而简练,大都源远流长,运用普遍,富于表现力。"而其中的动物熟语生动、形象,包含着民族的特有文化及其隐喻义。

2. 动物词汇的认知隐喻

（1）"马"的映射特征

"马"是十二生肖中的第七位,与地支中的"午"相对应,因而又被称为"午马"。在《现代汉语词典》中,马的词义包括以下三个方面:一是指一种哺乳动物,头小、面部长、耳朵竖立、颈部有鬃毛、四肢强壮,每只脚有一只蹄子,可以用于农耕和运输。二是指大小事物中的一种较大的物体,如"马蜂""马勺"等。三是作为一个姓氏。马因其形体庞大,被用来映射人的身高和体格,如"人高马大";由于其奔跑速度迅猛,也产生了如"马不停蹄""马到成功"等词语;马的力量大,能够承载人们无法承受的重物,因此在古代便引起了羡慕和崇拜,反映在词汇层面上,有如"兵强马壮""马踏匈奴"等词语。

马在古代是作战、交通、运输中极为重要的动物,因此有金戈铁马、千军万马、兵荒马乱、招兵买马等词来形容战争。又由于马还参与交通、运输工作,如今,人们还会称道路为马路。根据文学作品映射的文化词汇,如塞翁失马、千里马,还有"放你一马"一词,源于《三国演义》的赤壁之战,曹操败走华容道时,关羽念曹操旧日恩情,让开马位,放走了曹操,因而"放你一马"指手下留情。亦有社会演变而来的词语,古代人们常常通过拍马屁股和摸马膘来辨别马的好坏,但有些人不管马的实际情况如何,也会阿谀奉承地说是好马。随着时间的推移,人们将这种不顾实际的讨好行为归纳为"拍马屁",成为一个通俗易懂的词汇,用以表示讨好他人的行为。还有赛马比赛中,人们最看好的马没有率先冲过终点,反而是一匹名不见经传的黑马取得了胜利,人们后来用"黑马"来表示爆冷门或是意想不到的实力强大者。

（2）"鸡"的映射特征

"鸡"是十二生肖之一,排名第十位,与地支中的"酉"相对应,因而又被称为"酉鸡"。在《现代汉语词典》中,"鸡"的词义有两个方面:一是指一种家禽,有许多品种,嘴短,上嘴稍弯曲,头部有红色的肉冠。它的翅膀短小,不能高飞。二是除了是一种动物,鸡还是一个姓氏。鸡的小巧体型和毛发丰富等特点,被用来比喻小细节、平凡琐事、不值得珍视的物品或事物。同时,这些词语和比喻不仅是对鸡本身的描绘,也是人们对自然界的观察和感悟,是人类文化的一部分。例如,鸡的体型较小,因而人们用以形容细小零碎的事物,如鸡毛蒜皮、小肚鸡肠、手无缚鸡之力、杀鸡焉用牛刀等。鸡的毛也较多,人们用"铁公鸡"来比喻吝啬、小气的人,如铁公鸡——一毛不拔。再有鸡作为"六畜"之一,是人们较为常见的动物,故用以表示平庸的事物,如鹤立鸡群、嫁鸡随鸡嫁狗随狗等。鸡易受惊,当人一靠近便乱作一团,因而人们用鸡犬不宁表示环境的混乱、无序。公鸡素有早上打鸣的生活习性,给人以勤劳的印象,故而有闻鸡起舞来比喻有志之士坚持不懈的精神。"鸡肋"最初是指鸡肋骨上的肉,因为肉薄而无味,后来逐渐被引申为指不值得珍视或利用的东西。

与"鸡"相关的词语映射的汉语谐音文化居多,"鸡"与"急"的发音类似,故鸡毛信一词有表达加急信的意思。"鸡"有谐音"吉"的意思,故人们每逢春节会杀鸡宰牛,还会贴鸡的剪纸或年画,寓意大吉（鸡）大利。此外,"大吉大利,今晚吃鸡",这一说话最早来自电影中,随后因在游戏中出现而火遍现今的网络,"吃鸡"一词也随之成为现今年轻人当中游戏的代名词。

（3）"牛"的映射特征

"牛"在十二生肖中是第二位,与十二地支中的"丑"相对应,因而又称为"丑牛"。《现代汉语词典》中"牛"的词义有五个方面:一是牛属于哺乳动物,体型大,头上长有一对角,尾巴尖端有长毛。二是形容固执或骄傲的性格。三形容本领大。四是牛属于二十八星宿之一。五是作为一种姓氏。

牛的力气强大，因而有九牛二虎之力形容人的力大无比。牛有迟钝、愚笨、固执的特点，因而有对牛弹琴、钻牛角尖、牛脾气等词语。牛的毛发多，人们便用九牛一毛来形容微不足道的事物。牛的粪便脏而臭，与鲜花形成鲜明对比，人们用"一朵鲜花插在牛粪上"形容不般配的婚姻，或者使一个美丽女子嫁给一个丑陋的人。

牛，为"六畜"之一，在农耕文明发达的中国占有重要地位。牛在农田中任劳任怨地工作，因此把那些吃苦耐劳，鞠躬尽瘁的人们比作牛，如老黄牛、孺子牛。牛皮还被用来作为水上交通工具——牛皮筏子，"吹牛皮筏子"原本是一项困难的任务，通常需要几个人共同合作才能把牛皮筏子吹胀。因此，当有人夸海口时，人们就会用"这么大的口气可以用来吹牛皮筏子了"来讽刺他。随着时间的推移，"吹牛皮筏子"变成了"说大话"的代名词。现在，"吹牛皮筏子"已经被简化为"吹牛皮"或"吹牛"。"牛"在《论语·阳货》中记载："子之武城，闻弦歌之声。夫子莞尔而笑，曰：'割鸡焉用牛刀'"，后世用"杀鸡焉用牛刀"来比喻不可大材小用。

（4）"龙"的映射特征

"龙"在十二生肖中排第六位，与十二地支中的"辰"相对应，因而被称为"辰龙"。

因为龙具有神异、灵活的特性，因而人们用龙飞凤舞形容山的崎岖壮观，亦用来表示书法作品的灵活有力。龙在中华儿女的心目当中是神一般存在，既能上天又能入地，既具有无穷无尽的能量，又变化莫测。故用"神龙见首不见尾"来形容人的行踪不定。龙具有力量强大的特点，人们用"龙潭虎穴"来形容极其险恶的地方。

"龙"在中国文化中是尊贵、神圣、吉祥如意的化身，是中国人的图腾。龙图腾对中国文化影响深远。龙马精神代表着中华民族自古以来追求卓越、不屈不挠、永不放弃的精神追求和人格品质。人们还希望自己的儿女能够成为伟大的人，故用"望子成龙"表达自己的对儿女的期望。龙还象征着皇权，代表着至高无上，皇帝被人们尊称为"真龙天子"，皇帝的后代也会被称为"龙子龙孙"，皇帝的面貌被称作龙颜，还有龙车、龙椅、龙体等，这些称谓反映了中华民族崇尚龙的传统文化观念和对皇权的崇拜。中国的节日中也有龙的身影，人们过端午节会赛龙舟。

中国的民间也流传着种种故事、传说,比如"画龙点睛""叶公好龙""鲤鱼跃龙门"等民间传说耳熟能详,只要人们看过一遍关于这些成语的视频或故事,便难以忘却。

（5）"鱼"的映射特

《现代汉语词典》对"鱼"的释义有两方面:一是指脊椎动物中一大类生活在水中,身体侧扁、有鳞和鳍、用鳃呼吸的动物。二是作为一种姓氏。一般情况下,鱼的体型较小、力量弱,与龙形成鲜明对比,人们用鱼龙混杂形容好人坏人都有。鱼的尾巴有特有的纹路,有的人眼角纹路和鱼尾类似,因此称之为"鱼尾纹";还有天刚刚亮时的颜色和鱼的肚子颜色相近,被称为"鱼肚白";天空中出现大量卷积云的壮观场面像鱼鳞一样错落有序,被称为"鱼鳞天"。鱼在水中生存,水赋予鱼生命和生存条件,但是也同时禁锢着鱼,鱼一旦离开了水就会失去生命,而相反在水里反倒可以自由自在,因此人们用"如鱼得水"来形容得到跟自己十分投合的人或对自己很合适的环境。鱼具有群聚性的特点,成群结队地游走,"鱼贯而入"用来形容人成群结队地进入。

"鱼"同样具有谐音文化,"鱼"的中文发音同"余"一致,每逢春节,家家户户喜爱在门窗上面贴上鱼来寓意自己年年有余（鱼）,代表着生活如意,每年都有多余的口粮和收入。古代的典籍中演化而来的如"鱼目混珠",形容以假乱真,以次充好,出自汉·魏伯阳《参同契》卷上;"鱼目岂为珠? 蓬蒿不成槚。"还有"缘木求鱼"出自《孟子·梁惠王上》:"以若所为,求若所欲,犹缘木而求鱼也。"形容如果做事方式是错的,那就像是要去树上寻找鱼,根本无法完成自己的目标。

（二）中华动物词汇文化传播与翻译实践

1. 尽可能用同样的动物翻译

动物的特性是超越国界的,这一点是直译动物词的基础,此外由于两种文化的交流与互动,很多词语在两种语言中能找到完全对等的说法。例如:

好马不失蹄。

It is a good horse that never stumbles, and a good wife that never grumbles.

苛政猛于虎。

Tyranny is fiercer than a tiger.

2. 若没有相应的喻体,则不必译出

做牛做马 slave for sb. without complaints

乌鸦嘴 indicating bad luck

你真是狮子大张口。

You are charging too high.

这故事有点虎头蛇尾。

The story has a dramatic start but weak finish.

二、中华植物文化传播与翻译

(一)中华植物词汇文化分析

1. 汉语中植物词汇研究

从认知角度,植物词汇的命名反映了人们认知世界的方式具有独特的民族性。如李智勇(2007)[①]指出植物是人们认识世界过程中重要的认知对象,给植物命名的过程体现着人们认知思维"观物取象"的特点,具有科学性和创造性。邱显涵(2021)[②]指出植物词汇的隐喻映射了植物的形态、气味、用途以及生长环境特征,反映了民族的地理环境与文化背景对语言的影响。从文化研究角度,文化意识是得体运用语言的保证,故应掌握一个整体的原则,将词汇放在文化背景中学习和使用。

---

① 李智勇.汉语动植物词汇及其语用和文化认知研究[D].中央民族大学,2007.
② 邱显涵.植物词汇的隐喻表现及隐喻映射分析[J].齐齐哈尔师范高等专科学校学报,2021(03):58-60.

2. 代表植物词汇的文化意蕴

（1）梅："傲雪"与"迎春"

梅花与雪的审美关系是中国咏梅诗中常见的表现方式，通过将梅花与寒冷的雪相比较来展示梅花坚韧不拔、不畏严寒、独具特色的精神风貌。如南宋诗人陆游的《落梅》："雪虐风饕愈凛然，花中气节最高坚。过时自合飘零去，耻向东君更乞怜。"诗中的"雪虐风饕"形容风雪凶猛，但尽管寒风凛冽，冰雪飞扬，梅花却依然翘首挺立，迎风怒放。梅花在咏梅诗中被拟人化、人格化，通过咏梅表现了崇尚坚韧不拔、不畏困难的精神。

（2）莲："花之君子"与"死亡之花"

莲在中国文学和文化中有着重要地位，早在古代就被人们用作食物和崇拜对象，后来也被文人们用来比喻自己的清高风骨。莲在乐府诗中被用来描绘爱情和离别，同时也展现了中华民族的君子气节。莲的文人意象主要是文人们以莲自比，展现自己清高、遗世独立、不蔓不枝、不染铅尘的风骨。莲的冰清玉洁、不蔓不枝、不可远观、不可亵玩的花之君子形象，植根于中国传统文化中，展现了中华民族的君子气节，洁身自好的品性。

（二）中华植物词汇文化传播与翻译实践

1. 直译法

在翻译过程中，对于一些文化内涵在中西方国家相似的植物词汇，可以直接采用直译的方法。例如，桂树在中英文当中都与出类拔萃和荣誉相联系。"折桂"一词指在考试或比赛中夺得了第一名，因此可以直接将其译为 gain one's laurels。

有时候，在译文语言的许可范围内，利用直译能有效地保持原文的各种语义内容和修辞功能，从而达到内容与形式相统一的效果。英汉植物词汇中的确有不少是通过直译相互借入的。例如，"伸出橄榄枝"（to hold out/offer an olive branch），意为准备讲和，力争和平解决；"open sesame"（芝麻开门）;"指桑骂槐"（scold the locust while pointing at the mulberry）。

2. 意译法

如果不可能或没有必要用直译法保留源语的表达形式,并且在译语中找不到合适的词语可以套用,就需用意译法。例如,画蛇添足对应英文中的 paint the lily。因为在西方国家,百合象征着纯洁,涂抹百合是多此一举的行为。所以,采取意译法能够更加准确得出原文的信息,也便于读者理解。除此之外,将"掌上明珠"译为 apple of the eye,将"你是个令人钦佩的人"译为"You are a peach."

3. 替换法

有时候,为了使译文更加生动形象,也可以在译入语中寻找与源语有着一致文化内涵的植物词汇。例如,将雨后春笋译为 to spring up like mushrooms,用来比喻新生事物大量地涌现出来。相似的例子还有:

艳芳桃李 as red as a rose

苦若黄连 as bitter as wormwood

馥香如兰 a breath as sweet as rose

总之,由于地理环境,文学传统和思维方式等一系列因素,英汉植物词汇在文化内涵方面存在着巨大差异。在翻译实践中,译者应深入了解英汉植物词承载着的丰富的民族文化内涵,根据具体情况采用直译法、意译法和替换法等,更好地传达出原文的信息,促进中西方的文化交流。

【理论聚焦】

本章主要对中华自然文化的传播与翻译实践进行论述。第一节基于中国传统山水观以及山水诗分析了中华传统山水文化,并以《菩萨蛮》为例分析了具体的翻译策略。第二节对中华传统色彩文化进行分析,并论述了直译、意译两大翻译策略。第三节对一般数字文化进行论述,并探讨了语言中的数字、特定事物与概念的翻译。第四节对中华动植物文化意象及其内涵进行分析,并论述了具体的翻译技巧。

【同步练习】

1.将下列自然词翻译成英文

(1)旱季

(2)早春

(3)霜季

(4)初夏

(5)雨季

(6)晚秋

(7)梅雨季节

(8)隆冬

2.翻译下列带有颜色词的表达

(1)黄土

(2)红宝石

(3)绿宝石

(4)红榜

(5)红豆

(6)红运

(7)红利

(8)红白喜事

(9)红尘

(10)红五月

3.翻译下列动物词汇

(1)鹰,秃鹫和孔雀尖叫;

(2)大象叫

(3)猎鹰叫;

(4)苍蝇嗡嗡叫

(5)家禽鸣叫

(6)狐狸叫

(7)青蛙呱呱叫

(8)山羊咩咩叫

(9)蚱蜢喊喳

（10）珍珠鸡叫

【参考答案】

1.将下列自然词翻译成英文

（1）dry season

（2）early spring

（3）frost season

（4）early summer

（5）rainy season

（6）late autumn

（7）plum-rain season

（8）second month of winter

2.翻译下列带有颜色词的表达

（1）loess

（2）ruby

（3）emerald

（4）honor roll

（5）love pea

（6）good luck

（7）extra dividend

（8）weddings and funerals

（9）human society/ the world of mortals

（10）thriving May

3.翻译下列动物词汇

（1）Eagles, vultures and peacocks scream

（2）Elephants trumpet

（3）Falcons chant

（4）Flies buzz

（5）Fowls clack

（6）Foxes bark and yelp

（7）Frogs croak

（8）Goats bleat

（9）Grasshoppers chirp and pitter

（10）Guinea fowls cry

【延伸阅读】

1. 阮岳湘. 文化内涵与语言翻译 [M]. 北京：九州出版社,2021.

2. 田华. 英汉对比与翻译 [M]. 沈阳：辽宁大学出版社,2018.

3. 刘宓庆. 文化翻译论纲 [M]. 中译出版社,2019.

4. 罗勇,白震,周杰. 语言、文化与翻译 [M]. 贵阳：贵州大学出版社,2021.

5. 吴冰. 跨文化的翻译研究 [M]. 合肥：中国科学技术大学出版社,2021.

6. 王爱军. 文化与翻译 鉴赏与实践 [M]. 武汉：武汉理工大学出版社,2021.

第七章

中华经典文化传播与翻译实践

近年来,随着中国经济的快速发展和文化软实力的迅速增强,中国古典文学也越来越多地走出国门、走向世界。中华经典文化的英语译介是中国文学"走出去"的重要途径,对于提升中国的文化影响力起着重要作用。本章在分析中医文化、经典文学、传统艺术的语言特点的基础上,探究各自的翻译技巧,并列举具体的实例,从而让中华经典文化在英语世界得到广泛的传播,更好地"走出去"。

第一节　中医文化传播与翻译

一、中医文化翻译研究

近 20 年来,随着我国不断扩大对外开放,中医药疗法尤其是针灸治疗越来越受到世界上许多国家政府和民众的关注和认可,中医翻译研究也在这个过程中蓬勃发展。

从研究对象和内容上看,中医翻译研究以中医典籍为主要研究对象,如《伤寒论》《金匮要略》《黄帝内经》等古代经典中医著作,研究内容主要集中在翻译的原则和方法上,包括中医术语、文化负载词、中医特殊语言特征、隐喻和典籍书名的翻译等。例如,茅瑛琦、裘涛(2019)针对《金匮要略》两个版本的病症名英文翻译差异进行了探讨,提出了可能的原因,并给出了翻译策略和方法上的建议[1];张淼、李莉(2020)探究了中医典籍中文化负载词的识别和翻译策略,提出了中医典籍中文化负载词的识别步骤及过程,并针对三类文化负载词提出了相应的翻译策略。[2]

从研究视角和趋势上看,中医翻译研究多数以某一西方翻译理论为视角,探究该理论在中医翻译实践中的指导作用,并以规定性研究为主要形式,研究的视角逐渐从文本到译者再到读者中心转移。

随着技术的发展,也有越来越多的学者用语料库和知识图谱等方式对中医翻译进行量化研究,如潘海鸥等(2022)采取文献计量学分析的方法,以知网中的相关文献为数据绘制了可视化的知识图谱,并据此总结分析了《黄帝内经》中医术语翻译的研究现状、热点及趋势。[3]

① 茅瑛琦,裘涛.生态翻译学视域下《金匮要略》病证名英译探讨 [J].中国中医基础医学杂志,2019(03):383-386.
② 张淼、李莉.中医典籍中文化负载词的识别及翻译策略刍议 [J].医学与哲学,2020(02):61-65.
③ 潘海鸥,李嘉鑫,杨宇峰.基于知识图谱的《黄帝内经》中医术语翻译研究现状分析 [J].中华中医药学刊,2022(08):147-150+277-279.

经分析,现有研究主要存在以下两点不足:一是现有的研究多集中在对中医典籍的翻译上,缺少对中医科普书籍的翻译研究。中医典籍的翻译固然重要,但中医典籍对于读者的已有知识水平有较高要求,主要面向专家学者,读者群体相对较小,不利于中医药文化的推广普及。二是现有的研究多从文本或译者的角度出发进行研究,缺乏考虑读者因素,虽已有学者在接受理论视角下研究中医翻译,但相关研究的数量还较少。

二、中医文化的翻译

(一)阐释法

阐释法即译者在理解原文的基础上,舍去原文字面表层含义,用解释性语言或说明具体内容来翻译原文隐含的文化内涵,生成易于被读者理解的译文,既能紧扣中心内容,服务于表达主旨,又能融入译入语文化,使交际信息得以准确传递,通过采取一定方式对原文进行必要的调整,使译文以一种新的特点呈现原文存在,实现交际目的。此法用于具有独特中医文化内涵且在译入语文化中没有对等表达的内容,中医特色文化在陌生的语言环境中发展,内涵的表达较难把握,因此在此类翻译交际活动中,译者可根据不同案例考虑能否省其形,以意义代之。例如:

原文:呼吸之间,脾受谷味也,其脉在中。……;脾者中州,故其脉在中,是阴阳之法也。

译文:Between exhalation and inhalation the spleen receives the taste [influences] of the grains; its [movement in the] vessels is located in the center. ...; The spleen is [associated with] the central region, therefore its [movement in the] vessels is located in the center. These are the patterns of yin and yang.

脾司纳化水谷精微,是指人体消化系统从饮食中吸取营养成分。若只按字面含义将谷味直译为 the taste [influences] of the grains,忽略了谷味就是食物中富含的营养物质这一层含义,为读者理解原文增加了难度。两处"其脉在中",内容形式看似相似,意义却大不相同,前者指的是脾纳运水谷精微,其脉动蕴于其中,强调位置,后者指的是脾居中焦,其脉缓和适中,强调性质,若都将其译为 vessels is located in the center,忽略了它们在具体语境下的不同内涵,实属误译。若以译入语文化认同的解释性语言翻译该词,顺应读者心理期待,则有利于补偿译文读者缺失的文化信息,促使交际信息得以准确传递,故建议结合阐释法将该例句译为:"During breathing, the spleen absorbs food nutrition, and its pulse is reflected in it; The spleen is related to the middle region, so its pulse is moderate. These are the patterns of yin and yang."

(二)替换法

与我国长期受儒家降己尊他思想的影响相比,英语文化追求个性解放,主张个人主义,为避免译文读者思维混乱,准确接收原文信息,故以译入语文化习惯为基础,用译文读者熟知、与原文内涵相似的文化意象代替原文文化意象,顺应译入语文化,使读者在自己熟悉的知识背景下,根据译者提供的信息推导出原文传递的信息和交际意图,深入理解原文在所处时代背景下的文化。例如:

假令心病,何以知中风得之?

Let us take an illness in the heart as an example. How does one know that [the patient] has contracted it because he was hit by wind?

中医上所讲的中风,是一种主要表现为突然昏迷,失去意识,口眼歪斜,语言不力等一系列症状的突发性疾病。从西医的角度来看,"脑卒中"是一组急性脑血管疾病,它是由于脑部血管忽然破裂或阻塞致使血液无法正常流动而造成的脑组织损伤。西医所定义的急性脑血管疾病与中医所讲的一系列中风临床表现完全吻合。中医和西医各自所定义的"中风",虽表述不同,看似差别很大,但实为同一种疾病。译文将其译为 hit by wind,在内涵的理解上难免会使读者产生困惑,无法与原文内涵产生较强的关联。笔者认为可将其译为西医中对应的译文 stroke,为译文读者创造更大的关联语境,寻求原文与译文的最佳关联,更为清晰地表达原文的交际信息。

（三）注释法

翻译的外在层面属于语言转换活动，其内在层面实为文化之间的交流，所以在中医英译过程中应当尽量保留中医文化的异质性，而不是将其完全清除。注释法，顾名思义，就是对译文读者的认知语境，尤其是不同的文化背景知识加以补充，借助相关的注释及注解将译文置于丰富的文化和语言环境中，使其能够轻松推导出原文的交际意图，实现最佳关联。结合直译、音译等翻译方法，在原文整体语境不被破坏的前提下，对缺省的文化信息进行补充，译文内容的增加虽看似累赘，实则将中医文化的内涵完整展现了出来，向读者传递了准确的原始信息，最大程度上减少了文化内涵的误读，消除了文化障碍。例如：

冬至之后，得甲子少阳王……

After winter solstice, during the [first subsequent] chia-tzu [term], the minor-yang [influences] govern. (Note: A chia-tzu term represents a period of sixty days. Chia is the first of the Ten Celestial Stems, and tzu is the first of the Twelve Earth Branches. By matching each of the former with each of the latter, a counting is possible from one through sixty. It was applied to days and years.)

甲子是中国古代用以纪年、月、日的符号，由十天干和十二地支组成，每组六十天，一个甲子年就是六十年，而每个甲子又是六十天，循环使用，帮助人们更好地记录时间。基于该文化背景，结合此处主要是指用十天干和十二地支组合用以纪日，从甲子日开始，直到癸亥日结束，共计六十天，故此处的甲子指的是六十天。译本采用音译加注释的方法在文本后对甲子这一文化概念进行详细的解释说明，此法可以有效弥补译文读者缺失的相关概念，降低读者在阅读过程中的理解难度，减少文化障碍，增强译文与原文之间的关联度。

（四）图示法

图示法是在对缺失的文化进行翻译过程中，增加图片或图表，以图片或图表形式补偿译入语读者缺失的异族文化内涵，生动形象地展示出译入语读者难以理解的内容，帮助他们更准确地理解和掌握原文精髓。此外，对于译者补充缺失的文化信息，有效降低翻译难度，并将原文的内在含义和表面意义进行整理,提高译文翻译的流畅度具有重要的现实意义,对于译文读者轻松获取原文交际意图有很强的借鉴意义。例如:

初持脉如三菽之重,与皮毛相得者,肺部也。如六菽之重,与血脉相得者,心部也。如九菽之重,与肌肉相得者,脾部也。如十二菽之重,与筋平者,肝部也。按之至骨,举指来疾者,肾部也。故曰轻重也。

First one touches the vessel [at the inch-opening by exerting a pressure] as heavy as three beans and one will reach the lung section on the [level of the] skin [and its] hair. If [one exerts a pressure] as heavy as six beans, one will reach the heart section on the [level of the] blood vessels. If [one exerts a pressure] as heavy as nine beans, one will reach the spleen section on the level of the flesh. If [one exerts a pressure] as heavy as twelve beans, one will reach the liver section on the level of the muscles. If one presses down to the bones and then lifts the fingers until a swift [movement of influences] arrives, [the level reached] is the kidneys [section]. Hence, one speaks of "light" and "heavy".

"三菽之重""六菽之重""九菽之重""十二菽之重"等富有民族文化特色的词汇,对译入语读者来讲,理解难度较大,笔者认为采用直译法对原文进行常规翻译操作后,在文后附以如图 7-1 所示的图片,通过图片向读者清晰呈现了脉诊在指力运用上的基本方法,先轻浮而后加重指力,通过感知筋、脉、肉、皮、骨等五个不同层次的脉象变化,了解五脏之气的盛衰情况,图示法结合译文为读者缔造了一个全面立体的"明示"过程,读者据此能够在付出较少推理努力的情况下轻松获得关联,顺利"推理"出原文的交际意图,以更好地达成动态顺应。

三部者,寸关尺也。九候者,浮中沉也。

It is like this. The three sections concerned are the inch[-section], the gate[-section], and the foot[-section]. The nine indicator[-levels] refer to surface, center, and depth[of each of the three sections].

在古代,三部九候是一种全身性的诊脉方法,又称为遍诊法。三部就是寸、关、尺三部,其每一部都有浮、中、沉三候,一共九候。上部即寸部,取法于天的高高在上,用以诊断胸部以上直到头部的疾病;中部为关部,取法于人在天地中,用以诊断胸膈至脐部的疾病;下部为尺部,取法于大地位于天人之下,用以诊断脐部以下直到双足的疾病。基于该文化背景以及前文对寸、关、尺的分析,将其改译为 The three sections refer to Cun、Guan、Chi, and the nine indicators refer to surface, center, and depth[of each of the three sections],并在译文后附以如图 7-2、7-3 所示的图片,通过图示将寸、关、尺三部的具体位置,以及浮、中、沉三候取脉时的指力状态立体呈现在读者眼前,辅助读者理解三部九候的原文内涵,掌握原文精髓,实现最佳关联。

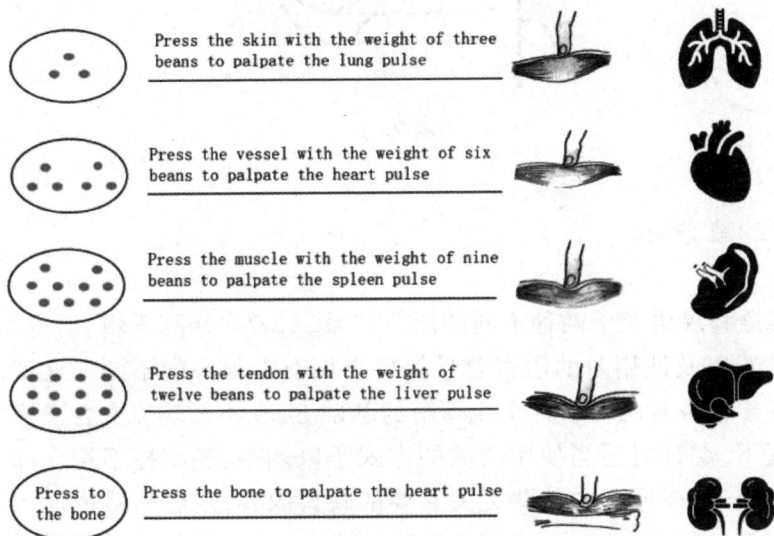

Press the skin with the weight of three beans to palpate the lung pulse

Press the vessel with the weight of six beans to palpate the heart pulse

Press the muscle with the weight of nine beans to palpate the spleen pulse

Press the tendon with the weight of twelve beans to palpate the liver pulse

Press to the bone — Press the bone to palpate the heart pulse

图 7-1

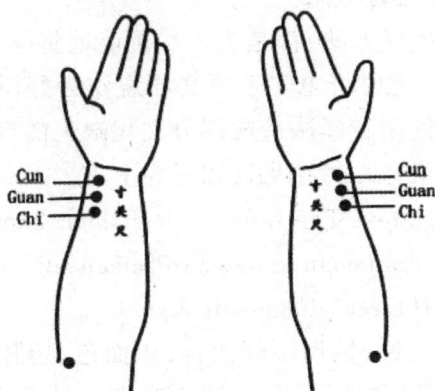

Cun
Guan
Chi
寸关尺

图 7-2

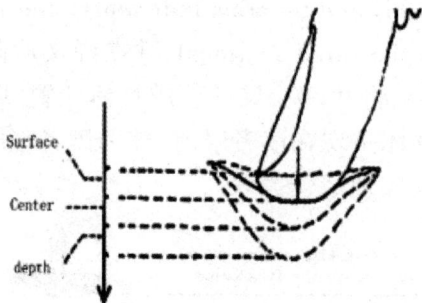

图 7-3

（五）省译法

英语和汉语源于两种不同的语言体系,二者在修辞逻辑、语言结构、表达方式以及使用时的语言背景等各方面有着很大的不同。这就需要译者基于自身对两种语言文化理解的基础上,在不影响原文含义完整性的前提下,翻译时适当使用增减的方式予以调整,删减掉不符合译入语习惯的表达,或原文中某些无关紧要的缺省内容,或容易造成译入语读者概念混淆的多余文化,来展现原文的中心意义,确保翻译后的语言可以对原文含义进行准确表达,使读者可以在译文中贴近真实的语言环境,以此达到最佳的翻译效果。

无论使用何种翻译方法,都是为了尽可能地将原文的含义准确传递给译文读者,所以一定要将忠实于原文原意作为翻译工作的重中之重,而不能随意盲目地使用省译法造成部分文化缺失的现象。例如:

经言知一为下工,知二为中工,知三为上工。

The scripture states: The inferior craftsman knows one [diagnostic sign]; the mediocre craftsman knows two [diagnostic signs]; the superior craftsman knows [all] three [diagnostic signs].

这句话的意思是说,根据医经而言,望面色、切脉象、诊尺肤这三种诊断疾病的方法,只掌握了其中一种诊断方法的医生是技术较差的下工,掌握了其中两种方法的医生是技术较好的中工,三种方法都完全精通的医生是技术优良的上工。译者与原文作者保持一致,在翻译时省略了对望面色、切脉象、诊尺肤这三种诊断方法的背景介绍,即便如此,也并不影响译文读者对原文中心含义的理解,且避免了因过度翻译导致篇幅冗长影响译文结构的流畅性。译本将下工、中工、上工分别翻译为 the inferior craftsman, the mediocre craftsman, the superior craftsman。其中，craftsman 在英语语言文化中主要指 a person with a special skill, especially one who makes beautiful things by hand，也就是汉语语言文化中的工匠、手艺人，该词与原文含义看似对应，但本句中的下工、中工、上工在上下文语境中分别指的是医术较差的医生、医术较好的医生、医术精湛的医生。因此，在词汇的选择上，doctor 比 craftsman 更贴近原文含义，故建议将本句改译为："The scripture states: the inferior doctor knows one[diagnostic sign]; the mediocre doctor knows two [diagnostic signs]; the superior doctor knows [all] three [diagnostic signs]."

其病四肢满、闭淋、溲便难、转筋。

The illness, as perceived by the patient, consists of swollen and stiff limbs, dripping urine and difficult stools, as well as twisted muscles.

本句描述了诊得肝之病脉时病人的症状表现，四肢胀满、小便癃闭或淋漓涩痛、排便困难、肢体抽筋等。其中的闭淋一词有着双重含义，一是小便癃闭不出，二是小便淋漓涩痛，为避免出现文化缺省现象，译文应当对此两层含义均有所体现。然而译本中将闭淋翻译为 dripping urine，显然只传达了小便淋漓不尽这一层内涵，缺失了对另一层含义小便癃闭不出的表达，影响了原文含义的完整性，故此处不能运用省译法将"闭"的含义省略不翻译。结合标准，建议将"闭"即癃闭，翻译为 retention of urine，"淋"即小便淋漓涩痛，翻译为 difficulty to urinate，将本句翻译为 the symptoms include swollen and stiff limbs, retention of urine, difficulty to urinate and defecate, as well as spasm。

三、中医文化译作：关联理论指导下的《难经》翻译

（一）关联顺应论

1. 关联论

1986 年，语言学家斯波伯和威尔逊（Dan Sperber & Deidre Wilson）

基于格赖斯（Grice）的关联概念在 *Relevance*：*Communication and Cognition* 中提出关联理论，并认为它是一种在关联性概念和关联原则的基础上分析人们在话语交际中的理论。[①]

（1）明示—推理

关联论认为，交际是一个需要交际双方进行"明示—推理"的过程。对于语言发出者来说，交际过程是需要明示的，说话人一方首先对听话人的认知资源和能力进行预估，然后再选择相对合适的方式清晰明了地传达出希望听话人接收到的信息；对于语言接收者来说，在交际过程中则需要根据自身现有知识和当前对话的正确语境进行一定的推理，即根据说话人的明示信息，结合上下文语境及经验知识，推测出相应的交际意图。明示和推理是话语交际中必不可少的两个重要组成部分，交际的成功与否与交际双方是否遵循这种认知模式息息相关。

（2）语境效果

关联论认为语境在言语交际过程中是动态的、可认知的。认知语境，也称为语境假设，是指在言语交流过程中，外部信息通过语言传递到大脑，并与人们已有的知识经验相结合，形成新的映射关系，这种映射包含但不限于上下文语境、心理语境以及生活百科、经验、常识等。双方共有的认知语境是交际成功与否的关键，由于交际双方所处的社会环境和认知差异的存在，说话人和听话人往往无法"共享"所有的认知语境，这种情况下只能"互明"部分信息资源，这里所讲的"互明"，其实就是交际双方可以通过感知或推理得到语境资源。语境效果即听话人接收到说话人传递的内容信息后，将其置于一定的语境中进行推理，得出内容信息的语境含义及说话人的交际意图。

（3）关联性

在进行言语交际的过程中，交际主体对交际双方语言的理解，付出的心力越少，其关联性就越强，而最佳关联是通过投入较少的精力就能够达到最佳的语境，这就是语境效果和推理努力的最佳配比。话语交际并非寻求最大关联，而是期待产生最佳关联。公式关系如下：

关联性＝语境效果／推理努力

毋庸置疑的是，与其他人类活动相同，交际的进行取决于资源最佳

① Serber & Wilson. *Relevance*：*Communication and Cognition*[M].Oxford：Blackwell Publishers, 1986.

化的意愿,而资源最佳化的一个方面就体现在付出最少的努力,达到最佳的效果。就翻译而言,从公式可以看出,当原文和译文之间的关联性越大时,语境效果就越好,译文读者所付出的推理努力越小,此时两个文本间的关联性与其语境效果成正比关系,与读者所付出的心力成反比关系;如果译文读者付出了有效的推理努力,却未耗费过多的时间精力去思考,就获得了相应的语境效果,那么原文作者与译文读者交际双方就建立了一种最佳关联。因此,语境效果越好,关联就越多,译文读者在进行话语理解时所付出的推理努力越大,其关联度越小。

2. 顺应论

维索尔伦(Jef Verschueren)于20世纪80年代在达尔文进化论的基础上提出了"语言适应生存"的概念,它认为语言使用是一个复杂的过程,交际双方需要在语言结构和策略的选择上灵活变通,不断选择以达成交际意图。[①] 在这一过程中,语言使用者在语言结构、交际意图等多种动机因素的共同作用下对语言做出不断的选择。语言一旦被使用,说话人和听话人就必须做出相应的语言选择,确保达到对应的交际意图。

维索尔伦认为,从顺应论的角度出发,语言具有变异性、商讨性及顺应性三大特征。变异性指的是语言选择的范围是动态的而并非固定不变的,在进行语言选择的过程中会衍生系列语言变体,为语言的选择提供了更多可能;协商性是指语言选择是一个不确定的过程,这一选择过程需要根据交际意图不断协商,以做出最佳的语言选择,促成交际意图的实现;语言的顺应性是指交际主体根据交际需要从一系列不确定且可供选择协商的语言和策略中进行灵活选择,以达到言语交际双方的期望值。语言的变异性和协商性为语言的顺应奠定了基础,并在语言的选择上提供了实质性内容;顺应性是发挥语言表意功能的体现,在对语言进行不断选择的过程中起到了引导性作用。[②]

顺应的语境关联成分是指语言的选择过程要做到时刻与交际的语境进行顺应,说话人和听话人作为交际活动的主体,同时也是交际语境的核心和焦点,是极为重要的语境成分,语境相关成分要素主要包括交

---

① 何自然,于国栋.《语用学的理解》——Verschueren 的新作评介 [J].现代外语,1999(04):429-435.

② Verschueren, J. Understanding Pragmatics[M].London:Arnold, 1999.

际双方的物理维度、心理维度以及社交维度；顺应的结构对象指的是在组织语言过程中遵循的原则，语言结构顺应主要指交际主体综合考量语码、语体、语段、语篇、话语构建成分等多个方面的语言因素，继而做出便于交际的语言选择和顺应；顺应的动态性体现了交际主体在进行语言选择的协商过程中对交际原则和策略的反复斟酌，这使对语言进行选择的实际运作方式得以体现；意识凸显性指的是说话人和听话人在进行话语交际过程中所处的地位以及交际双方意识参与的程度。顺应论中提出的四个研究视角为话语解释提供了一个统一连贯的框架结构，对于语言形式和语言策略选择的解释作用具有非常重要的意义。

翻译活动的进行离不开原文、译文、原文作者、译者、译文读者等五个要素的共同参与，原文作者根据自身的交际目的与遐想中的读者进行协商，产出原文文本；译者以读者身份理解原文信息，在读懂原文作者的基础上，通过语境假设充分考虑译文读者在语境成分、语言结构、社会环境等影响下的接受能力，产出译文文本；译文读者通过译者创造的推理语境，探寻两个文本间的最佳关联，达成交际目的。在关联顺应理论指导下进行的翻译活动即使无法达到"最佳关联"的状态，但在追求关联等式平衡的过程中对译者的翻译实践具有很大的参考意义，并且在译者面对不同策略的选择时，亦有关联发挥着对其进行引领和指导的作用。关联顺应理论结合了关联论和顺应论的优点，为话语交际领域及翻译领域的研究提供了一个全新的视角和更为全面和普遍的指导。

（二）《难经》英译研究

《难经》，也被称为《黄帝八十一难经》，是基于《黄帝内经·素问》和《黄帝内经·灵枢》两部著作，以提问和解惑的形式归纳而成。该书作为中医四大经典医书之一，成书于《黄帝内经》之后，《伤寒杂病论》之前，大约为西汉末年，由战国名医秦越人所著。全文共八十一篇，采取一问一答的形式，深入探讨了由脉学、经络、藏象、疾病、腧穴、刺法等六个方面组成的中医理论问题。书中首创的寸口诊法，命门学说，奇经八脉等论述对后世医学理论和临床的继承发展有着重大意义和深远影响。

《难经》作为阐释中医经典文献的学术理论和临床方法而著称于世，与《内经》关系密切却又不限于《内经》，二者并为中医经典而共存于世，对历代中医医学家理论思维和医理研究有着广泛而深远的影响，为中医的理论研究和临床实践发挥着不可替代的指导作用和无限价值。

（三）关联顺应论视域下《难经》中文化缺省分析

下面选取德国中医翻译家文树德教授（Paul U. Unschuld）翻译的《难经》英译本 *NAN-CHING The Classic of Difficult Issues*（标准①）作为研究对象，同时，结合李照国教授翻译的《黄帝八十一难经》（标准②）以及世界中医药学会联合会制定的《中医基本名词中英对照国际标准》（标准③），对文树德译本中文化缺省问题的翻译策略及其达到的交际效果进行对比分析研究。由于原文为古汉语，语言隐晦深奥，文化内涵深厚，故译文通常将有助于读者理解的信息补充在中括号内，笔者提出的建议译文中有类似中括号引用之处亦参考此格式。

1. 明示—推理的过程

关联顺应论视域下《难经》文化缺省英译是一个明示—推理的过程。对于说话人而言，交际是向听话人传达信息和交际目的的明示过程，对于听话人而言，交际是依据说话人传递的交际信息结合个人认知和语境信息来理解交际意图的推理过程。通常情况下，说话人和听话人的言语交际是直接的沟通交流过程，这使听话人能够在付出较少推理努力的状态下达成交际的目的。然而在包含了双重明示—推理过程的翻译交际活动中，说话人和听话人缺乏面对面的直接交流，译者作为原文作者和译文读者的媒介，需要完整准确地将说话人的信息意图转述给听话人，并充分考虑到听话人的推理能力，以达成交际目的，实现成功的交际。

皆王脉也。

All these are [indications of] governing [influences moving through the] vessels.

此处的"王"与"旺"相通，有旺盛之意。从冬至开始，一年中的六个时段（每个时段六十天），三阴三阳之气都有旺盛之时，这种旺盛之时也被称为王时，王脉就是在王时所表现出来的脉象。王脉也可以理解为在不同的时令季节中，身体适应不同气候正常变化所表现出来的四时之脉，是一种正常脉象。译者需根据原文提供的明示信息，结合自身中医文化知识的积累,才能正确推理出"王脉"的真实内涵。笔者认为,王脉作为一种四时之脉,亦被称为常脉或平脉,根据标准,平脉应译为 normal pulses,该译文比译本中的译法更简洁且贴近原文内涵,能使读者准确高效地领会该词的原本含义。

2. 寻求最佳关联的过程

关联顺应论指导下的翻译交际活动是一个寻求最佳关联的过程。翻译过程是译者对原文进行推理的过程,这一推理过程的实质是一种认知行为,同时也是交际达成的关键所在,所以说推理在阅读或翻译活动中也处于核心位置。读者通过关联来推理原文的信息意图,最佳关联的获取与语境效果和推理努力息息相关,在翻译交际过程中,要使译文与原文实现最佳关联,交际双方需要拥有共同的认知语境,如上下文语境、心理语境、生活百科或经验知识等。正确理解自然语言需要通过语境信息寻找关联,通过推理达成交际意图。然而现实中社会环境及个体认知差异的存在使交际双方无法共有全部的认知语境,这就需要译者考虑译入语读者的接受能力,创造读者熟知的推理语境,以便读者获得原作者的交际意图。寻求文化缺省英译的最佳关联就是在译文读者付出最少推理努力的情况下,获得足够的语境效果。例如:

尺寸者,脉之大要会也。从关至尺是尺内,阴之所治也;从关至鱼际是寸口内,阳之所治也。

The foot and inch [section] is the great important meeting-point of the [movements in the] vessels. [The distance] from the "gate" to the "foot" [-marsh' hole in the elbow] represents the "foot-interior" [section]; it is ruled by the yin [influences of the organism. The distance] from the gate to the fish-line represents the inch-interior [section]; it is ruled by the yang [influences of the organism].

尺、寸是兴起于中国古代的一种长度单位,此处的尺寸指的是寸口脉,分为寸关尺三部分,这也是《难经》的重大成就之一,虽然《黄帝内经》中也出现了寸口的说法,但它并没有提出明确的划分,后世关于寸关尺三部的切脉要论皆源于此。关是古代出入边境处设置的要塞,以示分界,此处的关是尺和寸的分界,以关前(远心端)为寸,属阳,关后(近心端)为尺,属阴。基于此背景可知,寸、关、尺为中医脉诊时重要的切脉部位,而并非长度单位,英文 foot 有英尺之意,inch 有英寸之意,译者将尺寸翻译为 the foot and inch,明显将其理解成了长度单位,忽略了其中蕴含的中医文化内涵,造成文化交流障碍,实属误译。标准运用音译法将尺寸译为 the place from the Chi to Cun,将寸、关、尺译为 Cun、Guan、Chi,笔者认为该译法遵从了关联顺应的准则,回译性较强且保留了中国文化基因。鱼际,既是一个腧穴名称,同时也是一个部位。因其形似鱼腹,故称为鱼际,古时也曾称之为鱼或手鱼,其边缘为赤白肉连接处,即腕横纹。译文用直译法将鱼际译为 fish-line,忽略了对语境因素的考量,很容易使读者误解为是与鱼相关的事物,而实则不然。标准用音译加注法将鱼际译为 Yuji(thenar eminence),既表达了原文传递的准确内涵,又使表层文化形式动态对等。笔者建议在此基础上将其改译为 Yuji(thenar eminence, an acupoint and body part located at the slightly raised part of the inner and outer edge of the palm),帮助读者高效理解原文含义,求得译文与原文间的最佳关联。

3. 动态顺应的过程

翻译过程就是译者对语言、语境和文化进行不断顺应和选择的过程。译文的语言选择发生在特定的语境中,翻译时既要考虑原文的大背景,又要顺应当前的特点,在语境因素、语言结构、交际意图等多种动机因素的共同作用下对语言不断做出最优的选择,综合考虑不同语言的文化、认知、语篇、句式、词汇等多种因素,顺应源语文化和译入语文化双方的认知语境,而语境随交际双方所处的社会环境和认知心理的变化而动态发展,因此《难经》文化缺省英译必然是一个动态顺应的过程。在动态顺应的过程中,从认知、社会、文化、语言、语用等综合角度"全方位考察语言现象及其运用",也只有在动态中寻求和传递最佳关联,才能确保交际中原文和译文关联等式的平衡。例如:

一难曰:十二经皆有动脉,独取寸口以决五脏六腑死生吉凶之法。

The first difficult issue:(1)All the twelve conduits have [sections where the] movement [in these] vessels [can be felt].(2)Still, one selects only the "inch-opening" in order to determine whether the [body's] five depots and six palaces [harbor a] pattern of death or life, of good or evil auspices.

在整部《难经》的八十一难中，每一难都是以这种提问的形式展开，"难"有做起来费事，使感到困难之意，亦有灾祸、诘责、质问之意，该著作中的八十一"难"均为"问"字的互词，可作"问"来理解。译本将"一难"翻译为 the first difficult issue，可见译者将"难"字理解成了困难的意思，没有准确地关联到原文的本意，与原文交际语境有所背离。笔者认为 issue 本身就有问题的含义，直接将"一难"翻译为 the first issue 即可，二难、三难……八十一难依次为 the second issue、the third issue...the eighty-first issue。此处的寸口是概括寸、关、尺三部的统称，中医上按照"中指同身寸"的方法计算，寸口长一寸九分，故约称为寸口。译本采用字对字直译的方法将其译为 inch-opening，虽已满足字面含义的表达，但译入语读者难以理解其中的精髓，使其中医文化的缺失较为严重。笔者认为，标准②以音译加注的方法将其翻译为 the Cunkou（radial artery over the wrist），在保留了中医文化特色的同时，又向译文读者准确呈现了原文内涵，提升了译文与原文的顺应度，保证了关联等式的近似平衡。中医学认为，五脏六腑之间存在着密切的联系，它们不仅是一个个内脏器官，更是构成人体生命活动的基础，是一个完整的有机整体，它们透过经脉、皮毛筋骨、爪面毛发、四肢百髓等相互作用。西医上的概念恰恰与此相对，它指的是固定的实实在在的脏器，是解剖学概念，因此，中医学上五脏六腑的意义远超于西医学中肝脏、肾脏等解剖学中各脏腑的意义。译文将五脏六腑翻译为 five depots and six palaces，depots 有仓库之意，palaces 有宫殿之意，译者用这两个词能很好地使读者在脑海中自动关联到脏腑的形态和功用，但这两个词不足以表达五脏六腑在中医学上的文化内涵，考虑译文读者接受能力，结合标准②将其改译为 five zang-organs and six fu-organs，随着中医药文化在世界文化领域的普及和重视，当今时代背景下的这类术语就像 yin and yang（阴阳）等词一样，被英语读者认可接受的同时，又能彰显中医术语特有的文化色彩，有利于为读者创造最佳的推理语境，顺利达成交际目的。

第二节　经典文学传播与翻译

一、经典诗词传播与翻译

(一)古诗词的语言

中华古典诗词之所以具有形式美和韵律美,是由汉字的特点决定的。汉字作为世界上流传最久远的表意文字,不仅是中国文化得以记录和传承的精华与脊梁,也是汉语具备"诗性语言"特征的基础,在诗歌创作上占尽了优势。注重"意合"的特点使汉语在组合上具有很强的灵活性、跳跃性和自由度,这一点在诗歌创作中直接呈现为意象的密集,这是由于受到篇幅的限制,诗人为了在有限的篇幅中传达出深刻的意蕴,往往采用语序的颠倒、省略、压缩等来实现"言简义丰"的目的。可见,诗歌创作的过程就是汉字中各个要素的重现和整合的过程,最大化呈现汉字的特点,这是其他文体难以企及的。

(二)古诗词的翻译

庞德对中国古典诗歌的英译有不少更改之处,有些归因于他创造性的翻译手法,也有些源自他对原诗的误读。从传统的翻译理论来看,庞德英译的中国古诗对原作而言讹误较多,忠实性大打折扣,加深了人们对庞德译作的误解和批评。但若以解构主义翻译的观点来探析,就能合理地评析庞德译作的立异之处,还能探寻译作与原作、译者与作者的平等互补关系,从解构主义翻译观中获得更多启发性思考。

1.打破忠实:庞德英译古诗中的创造性

中西学者一贯秉持"求信""求真"的翻译标准,要求译文尽可能地贴合原文,以译文的忠实程度来思量译文的可取性,对译文里出现的改译、误译持反对意见。然而,解构主义坚持文本意义的不确定性,强调源语文本的意义一直是开放的、流动的、不断生成的,译文无法从真正意义上对原文做到内容上的忠实和结构上的对等。解构主义翻译观打破了一成不变的"忠实"原则,允许译者发挥主观能动性,也为翻译中出现的文化误读和误译现象提供了理论依据。落脚于庞德具体的英译中国古诗,庞德身为译者的主体性和创造性值得称赞。以庞德对《怨歌行》的改译为例,他将原诗重新题名为 Fan-Piece, For Her Imperial Lord,直接点明原诗中的核心意象"团扇"和诗中暗指的"君王",直白地引导读者把握诗歌的关于宫怨的悲情主题。《怨歌行》本就短小精悍,但庞德的英译仅有三句,"O fan of white silk, /clear as frost on the grass-blade, /You also are laid aside."。译诗前两句是对前四句"新裂齐纨素,皎洁如霜雪。裁为合欢扇,团团似明月"的糅合,形容团扇宛如秋冬草叶上的白霜,纯白而又光洁。"You also are laid aside." 一语双关,also 传达出君王既将团扇搁置又无情冷落嫔妃的双重内涵,与最后两句"弃捐箧笥中,恩情中道绝。"相吻合。与原诗相比,庞德的英译只保留客观事物的呈现,捐弃了所有修饰性的字词,使原诗中哀怨的情绪愈发含蓄,令人回味。庞德对中国文化的掌握十分有限,除了对原诗的增译或漏译,他的译作还存在很多典型的误读和误译。《华夏集》中,庞德将"烟花三月下扬州"译成 "The smoke-flowers are blurred over the river."。smoke-flowers 显然是庞德对"烟花"的误解,却巧妙地呈现出一种迷蒙的视觉意象,无疑是庞德对原诗送别画面的领悟和重构。庞德的误译也常与英语语法不合,敢于挑战英语诗歌的语言规范。譬如,他破格性地将李白的"荒城空大漠"和"惊沙乱海日"分别译成 "Desolate castle, the sky, the wide desert." 和 "Surprised. Desert turmoil. Sea sun." 虽说不顾词法和句法规则,多个意象的平行并置却有力地渲染出荒凉壮阔的诗歌意境。上述几例可以看出,庞德对中国古典诗歌的英译有以下特点。

首先,语言的简练与自由。庞德采用自由诗体来表达原作,背离了原诗的古典形式。从解构主义角度出发,翻译是一种"延异"行为,庞德在所处的 20 世纪初西方文化语境里解读中国古诗,其生成的译作符合当时文化语境下的语言风格即可。

其次,意象的并置和凸显。庞德的英译古诗常常删繁就简,略去诸多原诗的修辞性以及抒情性的表达,只把原诗里的重点意象并置在译文里,使译诗比原诗的抒情更加含蓄,以供读者遐想。庞德在译诗里对意象的强调,更是与他所推崇的意象派诗歌创作理念达成了契合。

最后,文化的误读和差异。解构主义思想包容翻译里因文化误读而产生的差异,认为误译能为译作所处的主流文化带来新的文学表现形式。庞德的英译古诗推动了东方诗歌理念和西方意象派诗歌理论的交融,也为维多利亚时期的诗歌传统注入新活力。

2. 树立新生:庞德英译古诗与原诗的联系

通过具体实例的解析,庞德的英译古诗的创造性和差异性显露出来,译作里受到批评的改译和误译也得以正名。接下来,庞德的译诗与原诗的联系也值得商讨。解构主义翻译观提出,翻译是赋予原作生命力的重要手段,译作衍生自原作,却又独立区别于原作。译作能够成为原作的"来世",在时间和空间意义上对原作进行拓展和延续。以此推之,庞德的英译中国古诗是否也起到焕发原诗生机的功效?答案是肯定的。T.S. 艾略特在《庞德诗选》的序言中,曾高度称赞庞德是"我们这个时代中国诗歌的发明者"。他评论庞德的《华夏集》"将被视为'二十世纪诗歌的杰作'……庞德以其传神的翻译丰富了现代英语诗歌的宝库。"[①]其中,庞德译自李白《长干行》的 The River-Merchant's Wife: A Letter 被收录于多家出版公司编选的经典英美诗集中,可见庞德的译作在海外受到了广泛的认可,为中国古典诗歌在西方的"播散"(dissemination)作出有力的贡献。同时,解构主义还提倡文本的互文性,文本间既有联系的一面,更有差异的一面,所以译文和原文之间是平等互补,求同存异的关系。庞德的英译中国古诗对原诗进行了个性化的解读,也对原诗内涵加入新的诠释,深化了原诗主旨。总体来看,庞德的英译古诗对原诗起到积极的影响,使中国古典诗歌在西方的文化语境里获得了新生。

下面综合一些译者的观点,分析中国古诗词的翻译技巧。

1. 注重诗词的形式

众所周知,古代诗词所表达的形象往往与作者思想是紧密相关的,

---

① Eliot, T.S. Ezra Pound: Selected Poems[C]. London: Faber and Faber Limited, 1934.

诗人喜欢利用一些恰当的表现方法来表达自己的思想和情感。对于这类诗词的翻译,通常合理的做法是采用形式翻译,确保所翻译的译文在形式上与原文具有一致性,从而准确传达原文的形式美,体现原文的韵味。

在诗词中,诗词的形象、内容密切相关。诗人如果想要全方位传达自己的思想,就需要利用具体的物象来传达。进一步而言,形式翻译的过程中需要注重两个方面。[①]

第一,对诗词的形式进行保留,译者需要注重准确传达诗词所含有的文化特性以及内涵,这是首要的,进而保留诗词的形式,从而实现诗词翻译的形式与韵味的双重体现。

第二,保留诗词原文分行的艺术形式。不同的诗词使用的分行格式是不同的,格式在一定程度上也体现着诗词的意蕴,是作者不同思想意图的传达,因而译者在翻译过程中需要充分考虑诗词分行中所产生的美学意蕴,给予最大限度的保留。

在诗歌形式上,屈原打破了《诗经》整齐的四言句式,创造出句式可长可短、篇幅宏大、内涵丰富的"骚体诗",开创了中国浪漫主义的先河。因而,对原文诗歌形式的再现对于"骚体"的再现具有重要的意义。许渊冲认为,"形美"指译诗在句子和对仗工整方面尽量做到与原诗形似。[②]但是许渊冲所追求的并不是对号入座的"形似"。根据许渊冲的翻译诗学观,在诗歌形式的处理上,他兼顾翻译规范、目标读者的阅读习惯以及审美倾向等因素,忠实于原文的基础上合理使用归化策略,传达出原文的内涵的同时,尽可能实现形式美。例如:

> 揽木根以结茝兮,贯薜荔之落蕊。
> 矫菌桂以纫蕙兮,索胡绳之𦟀𦟀。
>
> I string clover with gather wine, oh!
> And fallen stamens there among.
> I plait cassia tendrils and wine, oh!
> Some strands of ivy green and long.

---

① 张欢.浅析文化语境对诗歌英译的影响[J].今古文创,2021(18):123-124.
② 许渊冲,文学与翻译[M].北京:北京大学出版社,2003.

在翻译上,许渊冲根据英汉诗歌的异同,使用英语诗歌的平行结构再现原文诗歌的形式美,同时也实现了原诗的意美。许渊冲的译文在句式方面,照顾到目标读者的阅读习惯,补出了主语I,构成英语SVO结构,第一、三句的字数对等,构成主语对主语,谓语对谓语的结构,给人以视觉上的美感。译者发挥译语优势,在兼顾原诗形美的前提下,用等化的译法将"落蕊""菌桂"逐一译出,fallen stamens, cassia tendrils, strands of ivy green,再现了原文的意象,从而使读者知之、乐之、好之。可见,许渊冲基于原文的基础上用符合英语语言规范的方式表达,充分调动自己的审美能力和创造能力,根据原诗内容选择恰当的译诗形式,将原诗的神韵传达出来,做到了形神兼备。

2. 传递意境美和音韵美

《离骚》诗歌里的意象是诗人情感的寄托。许渊冲先生译诗最讲究的是传达诗的内涵意义,却又不过分拘泥于原诗。例如:

> 椒专佞以慢慆兮,樧又欲充夫佩帏。
> 既干进而务入兮,又何芳之能祇?

> The pepper flatters and looks proud, oh !
> It wants to fill a noble place.
> It tries to climb upon the cloud, oh!
> But it has nor fragrance nor grace.

"香椒"和"茱萸"喻指专横的小人,"香草"则喻指品德高尚之人。译者并没有将这些意象等一一译出,而是将诗句的意思传达出来,可见,译者追求的并不是表层的意似,而是深层次的意美,展现了诗人笔下的小人谄媚之态。因而,译者采用了浅化的译法,将"香囊"译为noble place再现了官场中品行低劣的小人攀附权贵的行径。许渊冲将原文中的部分意象省略,如将"茱萸""佩帏"以及"芳草"省略,并没有局限于原文,而是将诗句的意思传达出来。同时,译者也保持了诗句的押韵和形式上的工整,保持了诗歌的音美和形美,可见许渊冲把"意美"放在第一位,同时尽可能兼顾音美和形美的翻译诗学观。

（三）经典诗词译作：以汪榕培的《木兰辞》翻译为例

《木兰辞》作为我国古典诗歌的名篇，这首诗歌因为其丰富的思想内容，凝练优美的语言形式及传奇的故事情节而深受中国人民喜爱，并被译成多种语言，在世界上广为流传。在对比分析《木兰辞》原文和汪榕培译本时发现，在翻译转换理论视角下，汪榕培译本中存在结构转换、类别转换和单位转换，并不存在另外两种转换类型。因此下面主要详细阐述《木兰辞》汪榕培译本中存在的单位转换、结构转换和类别转换。

1.结构转换分析

在分析《木兰辞》汪榕培译本的过程中，笔者发现汪榕培译本中绝大部分句子都存在结构转换，其原因主要是中英句子在结构上存在较大的差异，中文注重意合，而英文注重形合，因此在诗歌翻译的过程中很难做到原文和译文形式的完全对等。此外，中文诗歌中存在较多的无主语句、连动句、兼语句等句式，英语中并不存在此类句式，在翻译中文诗歌时需要对此类句式进行转换。通过分析可以发现《木兰辞》汪榕培译本存在结构转换主要体现为以下四个原因：[①]

《木兰辞》原文中主语的缺失。

例（1）：

昨夜见军帖，可汗大点兵。

I saw the new recruiting lists last night；The Khan is summoning the men to fight.

例（2）：

愿为市鞍马，从此替爷征。

I'll go and buy a stalwart horse and pad So as to go to battle for my dad.

例（3）：

归来见天子，天子坐明堂。

---

① 林茵茵.论卡特福德翻译转换理论的有效性及其局限[D].兰州大学，2010.

Mulan receives an audience from the Khan, Who makes a huge grant to the valiant 'man'.

例（4）：

同行十二年，不知木兰是女郎。

We fought for twelve years in the same brigade, But never knew that Mulan was a maid!

例（5）：

策勋十二转，赏赐百千强。

译文：Mulan is praised and offered the highest post, And given piles of treasures she can boast.

以上五个例句皆为无主语句，这种句式在中文中比较普遍，但在翻译为英文时需要根据实际情况补充主语或者将其翻译为被动句省略主语。例（1）译文的主语是根据前一句"女亦无所思，女亦无所忆。"来增添的。前一句译文中将"女"译为"I"，例1沿用前一句译文的主语，增添主语"I"。例（2）译文的主语是根据前一句"阿爷无大儿，木兰无长兄，"来增添的，前一句将"木兰"译为"I"，例（2）译文中继续使用"I"作为主语。例（3）译文的主语是根据句意来增添的，前后文并没有提到"木兰"，但是根据其句意推断是木兰"归来见天子"。例（4）译文的主语也是根据句意来添加的，是木兰的战友与木兰同行十二年，译文中译者以战友的身份来述说，即我们"同行十二年"。例（5）译文的主语原本是"天子"，译者将句子处理为被动句，增添主语 Mulan。

《木兰辞》原文中存在较多的联动句。

例（6）：

旦辞黄河去

She leaves the Yellow River by daylight.

例（7）：

归来见天子

Mulan receives an audience from the Khan.

例（8）：

从此替爷征

So as to go to battle for my dad.

例（9）：

出郭相扶将

Her parents leave the courtyard arm in arm.

例（10）：

磨刀霍霍向猪羊。

Her younger brother butchers pigs on the farm.

汉语连动句特点是在句中使用多个动词并且这多个动词联系着同一个主语，而在英语中一句话不能同时有两个谓语。所以在《木兰辞》中译英时，会转换汉语连动句中的一个动词，将其省略或者转换成其他结构。例（6）和例（7）都是汉语中的联动句，在翻译时只翻译两个动词中的一个。例（6）省略了"去"，只翻译了"辞"；例（7）省略了"归来"，只翻译了"见"。

例（8）（9）（10）在翻译时都是将连动句中的两个动词的一个处理为其他结构。例（8）译文中将动词短语"替爷"转换为介词短语 for my dad；例（9）将动词短语"相扶"转换为状语 arm in arm。例（10）将两个动词短语"磨刀"和"向猪羊"转换为一个动词词组 butchers pigs on the farm。这种处理相对来说是比较灵活的，可以将连动句中的一个动词处理为介词短语、状语或者动词词组等等结构。

《木兰辞》原文中还出现了较多兼语句。

例（11）：

唯闻女叹息

You only hear the maiden sigh and moan.

例（12）：

问女何所思？问女何所忆？

Good lass, what thought has occupied your mind? Good lass, what thought can you not leave behind?

例（13）：

不知木兰是女郎

But never knew that Mulan was a maid.

例（14）：

爷娘闻女来

On hearing that Mulan will soon be home.

学者李临定归纳了兼语句的三个特点：名词是动词1的宾语；动词2是谓语性成分；从语义关系上来看，名词是动词2的施事。一般来说汉语兼语句是由一个动宾短语和主谓短语组合为一个句子，称作兼语句。而且句中主谓短语的主语在结构上是前一个动宾短语中的宾语。在《木兰辞》汪榕培译本中,译者对原文中兼语句的处理方法主要有两种:一种处理方法是将其中的主谓短语转换为宾语补语,另一种是将主谓短语转换为宾语从句。例(11)将兼语句的主谓短语"女叹息"转换为 hear the maiden sigh and moan 中的 sign and moan。例(13)中主谓短语"木兰是女郎"转换为 But never knew that Mulan was a maid 中的宾语从句 that Mulan was a maid。例(14)译文将兼语句中的主谓短语处理为宾语从句 On hearing that Mulan will soon be home。

《木兰辞》原文中也存在倒装句。

例(15):

万里赴戎机,关山度若飞。

She goes for miles and miles to join the war, And crosses hills and valleys with the crops.

当原文中存在倒装的时候,译文中会改变倒装的部分。例(12)中"何所思"和"何所忆"为倒装,正常语序为"所思何"和"所忆何"。例(15)中"万里"为定语前置,在译文中处理为 for miles and miles,"关山"为宾语前置,在译文中将宾语放在谓语"度"之后。

结构转换在中英互译中是最常见到的,也是普遍会发生的翻译转换的一种。中文中特有的句式在翻译为英文时无法找到对应的句式,因此只能通过转变句式来实现。转变也存在较多的方式,比如无主语句可以增添主语或者转变为被动句,连动句可以将其中一个动词省略或者处理为其他结构,兼语句可以将其中的主谓短语处理为宾语补语或者宾语从句。

2. 类别转换分析

类别转换指的是原文和译文中的两个等值成分在类别上发生了转换。在分析《木兰辞》原文和译文的过程中,笔者发现主要是原文和译文的词和词组之间会存在等值的转换,两个等值成分在词性上会发生转换。

例(16):

女亦无所思,女亦无所忆。

I've nothing that has occupied my mind; I've nothing that I cannot leave behind.

例(17)：

暮宿黄河边

And stays by the Yellow River for the night.

例(18)

送儿还故乡

To send me home to start my life anew.

例(19)：

木兰无长兄

I have no elder brother to carry the gun.

例(20)：

木兰不用尚书郎

High posts at court are not what I pursue.

例(16)中原文的副词"无"转换成名词nothing，原文中的名词"女"，转换为代词"I"。例(17)中原文的名词短语"黄河边"在译文中转换为介词短语by the Yellow River。例(18)中原文的名词"儿"在译文中转换为人称代词 me。在词的类别转换中，主要是将原文中对人的称呼转换为人称代词。例(19)和例(20)中原文的"木兰"是一个名词，在译文中转换为代词I。主要是因为在英文中为避免重复，常常会使用代词来代替已经出现过的词，而在中文中词语的重复是十分常见的。

例(21)：

东市买骏马，西市买鞍鞯。

She buys a strong steed in the eastern market; She buys a saddle in the western market.

例(22)：

出郭相扶将

Her parents leave the courtyard arm in arm.

例(23)：

开我东阁门，坐我西阁床。

She opens doors of chambers east and west And sits upon her bed to take a rest.

《木兰辞》原文和汪榕培译本中还存在较多短语词性的转换。例(21)中原文里的"东市"和"西市"为名词词组，在译文中转换成了介词短语 in the eastern market 和 in the western market。例（22）中原文的动词短语"相扶"在译文中转换为名词短语"arm in arm"。例（23）中原文的"东阁"和"西阁"翻译为英语作前置定语时过长，因此在译文中作后置定语，译为 of chambers east and west。

通过分析以上几类的短语转换，其原因主要是根据该短语在原文中所充当的成分，在翻译时对该成分进行适当的转换，使之更符合译入语的语言习惯。

3. 单位转换分析

《木兰辞》汪榕培译本中存在较多的单位转换。《木兰辞》汪榕培译本中存在将原文中的词转换为译文中的短语和从句。

例（24）：

女亦无所思，女亦无所忆。

I've nothing that has occupied my mind; I've nothing that I cannot leave behind.

例（25）：

朝辞爷娘去，暮宿黄河边。

She leaves her dearest parents by daylight, And stays by the Yellow River for the night.

例（26）：

寒光照铁衣

The chilly moon shines on their coats of mail.

例（27）：

伙伴皆惊惶

They stare at her in great surprise and say.

例（24）中将原文的动词"思"和"忆"翻译为宾语从句 that has occupied my mind 和 that I cannot leave behind。例（25）中将原文前半句的名词"朝"转换为介词短语 by daylight，将原文后半句的名词"暮"转换为介词短语 for the night。例（7）中将原文前半句的动词"见"转换为动词短语 receives an audience。

此外，还存在将原文中的短语转换为译文中的复合短语或者句子的情况。例（26）中将原文的偏正短语"铁衣"译为名词和介词短语 coats of mail。例(27)中将原文的动词短语"惊慌"转换为译文中的动词词组和介词短语 stare at her in great surprise。

通过分析《木兰辞》中存在的一些单位转换的例子可以发现,产生单位转换的原因主要是汉语单个词或者词组所蕴含的意义比较丰富,而在英语中要找到相对应的词或者词组存在一定的难度,所以往往需要更高一级级阶单位来对应。例(12)中将原文的动宾短语结构"何所思"和"何所忆"分别翻译成句子 what thought has occupied your mind 和 what thought can you not leave behind。例(8)中原文的动词"征",意思是"出征",在译文中转换为动词短语 go to battle。中文中短短的一个词或者词组,在翻译为英语时往往需要一个词组或者句子来与之对应。

二、经典散文传播与翻译

(一)经典散文的语言

一般来说,中国经典散文要求简练、畅达。简练的中国经典散文语言不仅能够将所要表达的内容传达出来,还能够表达作者对人、对物的态度。这不是作者精心雕刻的,而是作者最朴实的情感表达。畅达的经典散文不仅能够让词汇挥洒自如,还能够让情感表达自由自在。总之,二者是相辅相成的关系,是中国经典散文重要的生命线。

另外,中国经典散文具有很强的节奏感,这主要在其声调的分配上有合理的展现。散文的节奏感还体现在句式的整散交错,长短句的紧密结合。正是因为散文的节奏整齐,因此让读者在阅读时能够朗朗上口,感到顺畅自然。①

(二)经典散文的翻译

1. 动态、静态转换

语言是人对客观世界的一种反应方式,也有动态和静态的不同表

---

① 张保红.文学翻译[M].北京:外语教学与研究出版社,2010.

达。静态的表达往往会把事物的运动和变化描述为一个过程或状态。而动态的表达法则注重对引起变化或运动过程的行为、动作。汉语散文的句子意义通常用动态表达,而英语散文的句子意义常常用静态表达。因此,在中华经典散文翻译中应该注重动态与静态的转换。

2. 情感的传达

散文的创作在于传达作者的思想感情,因此情感是散文的灵魂所在。在对散文进行翻译时,译者需要对原文的情感进行体会。也就是说,要想顺利读完译者翻译的散文,获得与原作读者相同的感受,就需要译者把原作的情感融入进去,这样才能真正地移情。

(三)经典散文译作:以《花生的荣耀》选段为例

释意理论是由玛丽安·勒代雷和达妮卡·塞莱斯科维奇[①]于 20 世纪 60 年代末提出的,释意学派认为翻译不仅需要传达言内意义,还要传达特定语境中的言外意义。如果语言是一种交际行为,那么翻译的对象必然是交际意义,而交际意义则是语言知识和语言外知识相结合的结果。要实现意义对等,翻译就需要实现交际意义,而认知对等和情感对等是实现交际意义的两个主要部分。在翻译过程中,译者要理解源语言,脱离其语言形式,对译文进行再创造,实现意义对等。在此基础上,释意理论提出了三个翻译步骤:理解、脱离源语言外壳和重新表达。

在释意理论视角下的中国现代散文翻译可以采用如下几种方法,下面以《花生的荣耀》选段为例展开分析。

1. 意义对等理论

为了实现意义对等,认知对等和情感对等是两个主要部分。情感对等要求对原文作者的移情和对其语言的充分理解。

---

① Seleskovitch, Danica. & Marianne. Lederer. Interpretation Theory and Practice Teaching[M]. Translated by Wang Jiarong. Beijing: Tourism Education Press, 1990.

（1）认知对等

释意理论认为，要全面理解源语言，就需要认知对等。认知对等是由文本的言内意义和译者的认知补充相结合而实现的。而认知对等包括译者的文化背景知识、主题知识和百科知识等。例如：

"在谷雨前的一段日子里，他们要让土地充分地'醒一醒''兴奋兴奋'，'把那攒了一冬的劲儿啊，可劲儿得憋足喽'。"

"During the days before the 'grain rain', the land has been gradually awakened to the strength that has accumulated for a whole winter."

这句话提到了中国传统节气中的"谷雨"，在这样的文化背景下，我们很容易理解。然而，对于大多数来自其他国家的读者来说，理解比较困难。因此，可以通过增加关于中国传统文化的主体知识和百科知识来实现认知对等。

（2）情感对等

作者的情感通常都不是以语言形式存在的，而是存在于字里行间，这就要求译者对原文作者的情感感同身受，对作者的表达有一个透彻的理解，从而重新表达情感意义，实现情感上的对等。例如：

"它来自最优良的品种，它来自最肥沃的土地，它承托着生命延续的重任，它寄予着家乡庄户人的幸福与厚望！"

"They are from the best strain and have grown on the most fecund land, so they are assigned the mission of continuing life, and the promise of a happy future of the farmers!"

这句话主要是作者对花生的溢美之词。在情感上，"承托着"这个词隐含着家乡人赋予了花生这种延续生命的责任的意思，表达了人们对花生的深深的爱、期待和希望。如果把它翻译成 have undertaken，语言缺少感情。因此，如果译者与原文作者没有情感共鸣，就不容易实现目的语的情感对等。

2. 三角模型理论

（1）词汇层面

英汉语言的差异导致这两种语言在词汇、句法和语篇层面上也存在着许多差异。要把词汇层面上的文化负载词等翻译好，译者首先要准确

把握原文的隐含意义,然后摆脱原文的语言形式,在目的语中重新表达出来①。这一翻译的心理过程符合释意理论的三角模型。例如:

"那颗颗饱满而又坚挺的花生种子,个个脸桃红仁乳白,品相端正圆润,身骨俊朗丰腴,恰似那庄户人家媳妇偏房内张贴年画上的福娃娃。"

"These plump-eared peanut seeds have pink skin and ivory white kernel, with plump and pretty appearance, just like the 'lucky babies' (footnote: 'Lucky babies' refers to Chinese lucky baby, which is an adorable image of a baby on the traditional Chinese New Year painting, who usually wears a red bib embroidered with the Chinese character 'Fu', which means good fortune and happiness.) on the new year pictures put up in the wing-room of the wives of peasant families."

以上句子涉及一个中国文化负载词"福娃娃",而且原文中,"福娃娃"一词运用了隐喻。如果简单将其翻译成"幸运儿",花生和"幸运儿"之间的相似性未表现出来,那么原文的比喻意义就毫无意义了。为了保留该词的修辞效果,译者需要了解"福娃娃"的隐含意义,并对其进行补充解释,这种思考过程与三角模型是大致相同的。

(2)句法层面

从句法上看,中英思维方式也有许多差异。例如,我们都知道文学作品中有许多短句和松散句,尤其是散文。在英语文化中,译者要想得到目的语读者的更广泛接受,就需要注意英语对长句的偏好(连淑能,1993)。思维方式上的差异要求译者摆脱句子结构,以更流畅、更地道的方式重新组织目标语,这也符合三角模型理论。例如:

"那壳自它一分裂,好像立马变得个个灰头土脸,躲进簸箕里掩面叹息,/而那颗颗被双手温暖抚摸过的花生仁,起初倒是惊乍,神情紧张,继而笑靥万千,个个眉飞色舞,/它在一瞬间便明白了主人们全部的心思,觉得自己完全可以放开任性调皮不会受任何嗔怪!"

"Since it's cracked, the shells seemed to become dusty and dirty in appearance, hiding in the dustpans to bury their faces and heave a sigh, while the peanuts that have been caressed by people's warm hands seemed to be surprised and nervous at first, but soon beaming with joy. It's like they instantly understood all the thoughts of their masters,

---

① 张培基.英汉翻译教程[M].上海:上海外语教育出版社,2009.

feeling that they can be willful and mischievous to their heart's content, without being blamed at all."

散文作品中有许多短句和散句。这个例子就体现了散文的这一特点，译者要想使译文更容易被接受，表达更地道，就应该划分义群，再加上一些连词重组句子。

（3）语篇层面

文本是翻译中的最大单位。英汉两种语言在语篇结构上有许多相似之处和不同之处。不同文本的翻译应具有不同的特点。语篇翻译强调语篇分析和语用意义。例如：

"家乡人在暖洋洋的光线下，说说笑笑，间或打打闹闹，上了年纪的老人，三四十岁的男人，刚过门没多久的新媳妇，话题有东有西，内容有种田耙地有乡间趣闻，/ 放了学的孩子在旁边打沙包下象棋，/ 二十郎当岁的小伙子和嫂子们撺掇斗嘴，不时引起阵阵欢声笑语。"

"Basking in the warm sunshine, the folks in my hometown, maybe including the elderly, men from thirty to forty years old or new brides were playing with one another once in a while, and laughing and chatting about different topics from farming and harrowing the soil to anecdotes in the countryside. Meanwhile, the children after school were pitching sandbags and playing chess nearby; the chaps around twenties and women were bickering with each other, arousing gusts of laughter."

语篇翻译的关键在于语篇逻辑的合理性。在分析词汇和语篇结构的基础上，译者应考虑到语篇的完整性，运用逻辑关系准确地理解原文的意义。在语篇中，连词的翻译也反映了"汉语重意合，英语重形合"的特点。散文的形式在总体上比较松散，衔接手段不明显，这可能体现在句子结构和思维方式的转变上。英语需要用虚词来完成"形"。该文本的译者在翻译之前首先要理解原文的逻辑，用连词表达出隐含的逻辑关系，如 including 和 and，使句子更具逻辑性和连贯性。因此，增补逻辑关系词的这个思考过程也反映了三角模型理论的运用。

三、典籍文化传播与翻译

（一）典籍的分类

《孟子·告子下》云："诸侯之地方百里；不百里，不足以守宗庙之典籍"，此处"典籍"指"礼制"。《辞源》和《辞海》中典籍定义为"国家重要的法则文献"。

现代学术意义上的典籍范畴包含上自古神话、下至清代学术绵延千年的重要作品。广义上的典籍没有时间限制，《现代汉语词典》（2015）定义典籍是"记录古代法令、制度的重要文献，泛指古代图书。"狭义的典籍定义更具体，更能体现某一时期典籍的特色和特点。此外，一些定义还提到了典籍的分类。结合广义和狭义的定义，典籍指清代（19世纪中叶）以前的古籍，这些古籍具有一定的学术价值，有些代表了当时的传统地域文化。另外，我国是统一的多民族国家，在中华民族悠久的历史演变中，各民族一道创造了灿烂的中华文明，各民族均有自己的典籍作品。

为了便于对卷帙浩繁的典籍进行学习运用，便产生了典籍的分类。我国古代典籍的分类，一般认为源于西汉刘向、刘歆父子奉诏整理点校国家藏书，对汉朝皇室"积如丘山"的典籍进行全面整理，编成《七略》。《七略》的原本已经失传，但我们可以在后来班固所著的《汉书·艺文志》中可见其基本轮廓，只是班固删掉了《七略》中的《辑略》，改为了《六略》。

明清以后，著录更加繁盛，到清代乾隆年间，乾隆皇帝亲自组织，征集大批名人儒士，历时数十载，进行了我国历史上最大规模的古籍整理工作，编纂成《四库全书》，在书籍分类上仍按经、史、子、集四部分类，部下又分若干类，同时形成了一部重要的目录学著作《四库全书总目》。经部是指古代儒家的思想、伦理书籍和学说；史指各种类型的历史作品，司马迁著《史记》是中国正史的开始，每个朝代几乎都有一部正史，共二十四史。除此之外，史部还收录古史、野史、地方志、时令等书籍；子部包含除儒家外其他诸子百家的学说和著作。春秋时期，百家争鸣，法家、墨家、兵家等都有其学说。另外，宋明理学及之后的考据学也归于子部。集部是集合类书籍，包括散文、骈文、诗词、剧本、文学评论等。

中国典籍从分类的产生到四部分类法的正式形成是不断发展、不断进步的,越来越有系统,也越来越复杂。随着西学东渐的浪潮,晚清引进了西方近代图书分类法后,加之现代学科建制的确立,美国图书馆专家麦尔威・杜威(Melvil Dewey)的十进分类法(哲学与心理学、宗教、社会科学、语言、自然科学、文学、历史地理与传记等)对我国现代图书分类产生影响。现代图书分类(2011)有 5 大类:马列著作、哲学、社会科学、自然科学及综合类图书。实际上,《中图法》也适用于典籍的分类,为了对典籍进行有针对性的翻译,将传统分类方法与满足读者阅读习惯的现代分类方法相结合是更好的选择。因为,与现代图书分类学相比拟,四部分类有很多不合理的地方,比如,各部之间没有明显的分类规定,标准不统一,或按书籍内容,或按作者的社会地位等。

另外,基于不同的研究目的,典籍分类还有其他考虑。就学科而言,典籍可分为哲学、历史、宗教、文学、风俗研究、考据学、伦理学、版本考据等。从思想上看,典籍可分为先秦哲学、儒家、道家和佛教思想;就标准而言,典籍可按传统的经史子集分类。从文体来看,典籍可以分为两类:文学典籍和科技典籍。文学名著包括诗词、散文、戏剧和小说。科技典籍由数学、天文、生物、物理、化学、地理、农业、医学、技术、法律和军事等部分组成。

当代学者自身受教育于现代学科分类的教育体制下,在讨论典籍诸问题时,分类法始终是分析的对象,既包括现代学科分类也包括中国传统的分类法"七略"和"四部",如在梳理典籍外译文本时,会有如下表述:

就已经翻译出版的典籍而言,数目较多的包括哲学典籍、历史典籍、诗词歌赋典籍、小说典籍、戏剧典籍、中医药典籍等六大类。此外,已经外译并出版的典籍还有其他类型,如文论、散文、兵书、地理典籍、科技典籍、农业典籍、百科典籍、法律典籍、艺术典籍等,这几类数量较少。

(二)典籍文化的翻译

1.典籍文化外译的意义

在全球化的进程中,不同国家之间的文化交流越来越频繁,不同的思维方式影响着人们的意识形态。促进中华传统文化的传播是一项重要任务,和平、发展、合作是时代的主题。传播中华文化可以提升国家形象,提升文化软实力,使世界人民对中华文化有更深入的了解。恰当地翻译典籍,可以让世界更好地了解中国,树立良好的国家形象。

典籍外译是传播中国传统文化最直接的方式,翻译质量、翻译意识和翻译创新直接影响着中华文化的传播战略。从本质上讲,典籍外译是一种跨文化的信息交流活动。这项活动的开展对中国文化传播、世界各国文化交流、世界多元文化建设都产生了巨大的影响,译者是跨文化传播的实施者。

中国拥有悠久的历史,典籍不仅是古代文明的代表,也是世界文明交流的重要参与者,是全世界人民可以共享的财富。改革开放以来,政府高度重视中国传统典籍的翻译工作。对中国典籍的翻译不仅影响着与其他国家的文化交流与合作,也关系到我国的文化软实力建设。在"着眼全球、立足本土"的指导下,我们可以成功地完成典籍翻译的任务。

罗选民(2012)认为对典籍进行翻译有三个原因:其一,一个国家的力量和魅力取决于其独特的文化,而不是经济;其二,西方学者在阅读中国现代文学时也需要了解中国文化,因为中国现代文学深受典籍影响;第三,典籍是中国思想意识的代表,典籍翻译是向西方人展示中国魅力的一个很好的方式。

赵长江(2014)指出,典籍翻译是中国文化走出国门的最直接途径。翻译质量、翻译意识的变化和创新对中国文化走出去的战略实施以及中国在世界上的形象都有很大的影响。

许钧以《大中华文库》为例,阐明了传播典籍的历史价值。第一,《大中华文库》敏锐地把握世界文化发展的新趋势,顺应潮流。中国精神植根于中国经典。第二,"中国选择"和"中国解读"是构建中国文化价值观的基础。在"中国选择"方面,选择典籍体现了中国的文化价值观,既体现了中华文化精髓,也为世界各国提供了引领。"中国解读"是基于对中国文化精髓的准确理解,保证翻译的准确性。

近年来,中国典籍翻译取得了不少成绩。然而,我们依然面对其中四个主要问题:典籍外译的原因、外译典籍的文本选择、典籍的翻译策略以及典籍翻译的恰当译者,这四个问题是相互关联的。

中华典籍包罗万象,选择合适的文本进行翻译是一项艰巨的任务。王宏(2015)认为,选择的典籍应符合文化传播,满足目标读者的阅读欲望,避免随意、无意义的重译。他提出了国内外市场、出版商和译者相结合的模式。罗选民认为,典籍的选择有四个原则,即普遍性、共同性、现实性和覆盖面。普遍性原则是指翻译具有普遍意义的典籍,可以在世界范围内传播。共同兴趣原则是翻译中外共同喜爱的典籍。现实性原则是指与现实有关的经典优先。所选经典作品应涵盖文学、艺术和宗教。翻译具有代表性的经典著作是必要的。典籍翻译的过程不仅仅是翻译,而是要提高翻译作品的效果。也就是说,典籍翻译的目标是保证翻译出来的作品能被外国读者广泛接受,扩大中国文化的国际影响力,促进多国之间的文化交流和不同文化的融合。

　　具体来说,在选择典籍时,要考虑到读者意识,必须解决历史文化认同、文化政策、对中国审美取向的文化认同、对外来文化的包容等问题。典籍门类繁杂,所选典籍应反映中国古代的核心价值和思想,民族典籍也包含在内。此外,为了满足国外市场的需求,可以建立文化意识、读者意识和国际市场意识。在选择了具有代表性的典籍之后,选择其母本也很重要,一种典籍往往有多种版本,最好选择被大多数人认可的。因而,在选择典籍之前,最好对西方翻译和引进典籍的接受程度做一个调查,如果所介绍的典籍被广泛接受,就没有必要重复介绍。有些重要的东西还没有介绍,需要介绍一下。对于引入的典籍,如果有错误,必须进行修改。

　　由此可见,典籍外译既是中华文化自身传承的需要,也是中国文化走向世界的需要。典籍翻译事业“任重而道远”,回望过去,我国的典籍对外传播经历了从文化交流需求的产生,到零星的个人推介,再到成规模的海外传播,随着中国国际地位的提升,典籍外译已上升为国家战略主题。在此背景下,很有必要建立合理科学的典籍外译理论,与典籍翻译实践同步发展。

　　2.典籍翻译中的译者主体性的体现

　　在传统翻译理论的框架下,翻译活动严格限定在语言层面。在相当长的一段时间里,翻译研究甚至被归结为语言研究的任务。在这样的学术环境下,翻译研究的范围变得非常有限。译者作为翻译活动中最活跃的因素,其作用却被严重忽视。随着各领域学术研究的深入,翻译研究不断汲取各领域的精华,最终摆脱了语言的束缚,成为一门独立的学科,这为翻译研究的进一步深入发展提供了良好的基础。

翻译学界的文化转向极大地拓宽了翻译研究的视野。翻译不再仅仅是词与词之间的转换过程,而是一个连贯的过程,包括翻译前的准备、翻译过程和翻译后读者的反馈。这样,学者们也可以从多层次、多角度来研究翻译活动。在这种观念的转变中,译者的地位和作用越来越受到理论界和实践界的关注。

(1)译者的角色和地位

在传统的翻译研究中,翻译活动被认为是一种语言活动,是语言之间的交流。在这种观点的影响下,翻译过程被认为是不同语言符号之间的转换,而译者在这个过程中的作用只是遵循语言的规律,完成符号转换的具体实现。在这一理论的指导下,译者有必要在翻译过程中尽可能地含蓄表达自己的个性,避免在翻译过程中留下任何个人印记。劳伦斯·韦努蒂使用术语"隐形"(invisibility)来描述当代英美文化中译者的处境:译者自己倾向于"流利地"翻译成英语,以产生一种地道的和"可读的"目标文本,从而产生一种"透明的幻觉"。这一观点在翻译过程的狭义分析阶段和翻译的具体技巧和策略研究阶段都发挥了重要作用。同时,这种观点也严重制约了翻译研究在更广阔空间的发展。当跳出语言的层面,从更广阔的文化层面来研究翻译活动时,必须思考译者的角色以及译者在翻译过程中扮演的角色。

关于人的主体性的研究早在17世纪就由法国哲学家勒内·笛卡尔在欧洲哲学界提出,后来,这一理论发展为主体间性研究。自从翻译和翻译研究被纳入语言研究的框架以来,翻译主体性的研究一直被搁置,很少有人提及。如何界定译者在翻译过程中的位置以及译者在翻译过程中所扮演的角色?译者与作者、原文、译文与读者是什么关系?这类问题一直被忽视。在这种学术氛围中,译者所扮演的角色总是被描述为被动的,或者只是一个连接媒介,如仆人和媒人,翻译机器。

20世纪80年代末,通过国际翻译家学术领域进行了更为全面、多层次的研究,在翻译研究重点的方向、翻译研究方法的转变和翻译家系统研究等问题上取得了许多新的认识。学者们越来越意识到,在翻译活动中,以译者思维和个人素质为中心的,不可忽视的是对译者的识别和研究。

目的论的创始人德国翻译研究者汉斯·弗米尔(Hans J. Vermeer,1930—2010)指出:"译者在翻译过程中起着至关重要的作用。在翻译过程中,翻译人员首先作为翻译摘要和原文本的接收者。在与客户就所涉及的条件达成一致后,翻译人员会生成他们认为符合翻译摘要要求的功能的目标文本"。他还提出,译者是一个跨文化专家,他知道如何"生产"一个符合翻译目的和目标文化的文本。

弗米尔认为,译者在翻译过程中的作用是非常重要的,译者是整个翻译过程中义务的主要载体,对客户和读者负有双重责任。译者在翻译过程中要完成分析、检查、解释和翻译的一系列工作。没有权利就没有责任,我们可以看到,在这个过程中,译者已经摆脱了被动角色的束缚,变成了一个"负责人",所以译者必须对整个翻译过程中的所有行为负责。

翻译理论家道格拉斯·罗宾逊(Douglas Robinson,2001)在对西方传统理性主义的批判基础上,明确提出"译者是作家"的观点:译者不会变成原作者,但她/他可以成为一个作家,一个非常像原作者的作家,因为他们都在写作,并以大致相同的方式,利用他们自己对语言和世界的经验来制定有效的话语。传统理论认为,译者完全可以依靠自己的理性来控制自己的思想和行为,译者的翻译行为必然受到一种神秘力量的激励。罗宾逊则认为,影响译者的因素一定有一些更为复杂的因素,而不仅仅是理性或神秘的力量能够把问题解释清楚。因此,他试图在这两个极端之间找到一个妥协点,并为这两种力量的相互融合找到一个灰色地带。罗宾逊关于译者角色的论述更加明确:译者是作家,与原文作者具有平等的地位。

从以上的陈述可以看出,无论译者是负责人、作者还是对话的一方,他在翻译过程中所扮演的角色都不再是被动的。应该说,这种态度的转变有助于从多层次或更客观的角度来识别翻译过程。

在探讨了译者在翻译过程中所扮演的角色之后,很自然会想到一个问题,译者在翻译过程中占据着怎样的地位?只有理顺了译者在翻译中的地位,才能更加清晰全面地研究译者在翻译过程中的作用。

毫无疑问,在传统翻译的理论框架中,译者在翻译过程中的地位是很低的,或者直接地说,译者是被有意忽视的。西方传统翻译理论主张,在翻译研究中,译者必须走开,只是充当作者与作者之间的传声筒。在中国传统的翻译观念中,也有许多理想的翻译标准,如严复提出的信、达、雅的标准。这种理想的翻译标准,像西方提倡的译者隐形概念一样,认为理想的翻译应该像玻璃一样透明,让读者感觉不到自己是在阅读翻译作品。这种理想化的标准使译者陷入了一种尴尬的境地：一方面，译者必须全力以赴地完成任务；另一方面，他／她必须使翻译的作品看起来没有任何翻译的痕迹。此外，在传统理论的观念下，翻译的价值被认为低于原作，翻译是模仿，是对原作的依赖，是缺乏创造力的。因此，译者的地位低于原作者，译者在翻译过程中的创造力被完全抹去。

传统翻译理论在翻译标准等一系列问题上的见解还是很有道理的，但还不够全面。翻译作为一项复杂的活动，需要从多层次的角度进行分析。在翻译学界出现"文化转向"之后，建构了一种新的文化学派理论，即语言文化理论。文化转向使翻译主体性逐渐成为翻译研究的重要议题，也使译者主体性成为翻译领域的重要课题和新的研究课题。操纵派的代表人物勒菲弗尔认为，文学翻译实际上不是如何遵循或使用规则，而是译者做出选择的过程。通过这一过程，译者根据自己所掌握的最充分的材料，确定如何将文本描述为特定时期的特定文化的最有效策略。而另一位代表苏姗·巴斯内特（Susan Bassnett）则认为翻译是译者操纵文本的过程，必须用多因素理论来取代忠实于原文的原则。后殖民主义翻译学者利用译者的主导作用，而不是译文与原文之间的服从关系。女权主义翻译理论强调译者的存在，强调译者对原文的主导地位。

由此可见，翻译工作者的地位正在逐渐提高，从一个被忽视的地位上升到一个主导地位。正确认识译者在翻译活动中的地位，有助于我们更加客观地评价译者的翻译活动和翻译作品的价值。它还可以帮助译者走出"尽善尽美"而又"欲罢不能"的尴尬境地，使译者更加清醒地认识到自己的责任，从而以更高的质量完成翻译工作。

（2）译者主体性

主体是一个哲学概念，它与客体的概念相关。这个概念概括了人类一切活动的相对论关系。特定的相对性关系具有特定的主体和客体。

考虑到翻译活动的复杂性，采用广义翻译与狭义翻译的区分概念更容易被接受。狭义翻译的主体是译者，广义翻译的主体是作者、译者和读者。目前对翻译的定义还存在一些分歧，不能简单地将翻译定义为译者将原文转化为译文的过程。翻译本身是一个复杂的过程，涉及各种社会文化因素。作者的感知、写作形式的确定、原文本的选择、语言的转换、读者的反馈是一个紧密相连的系统。在这一体系中，作者、译者和读者都有其特定的对象。

主体间性是指主体之间的相互作用，是人的主体性的重要组成部分。主体以主体间的形式呈现,主体间的本质是个体性,因此主体间是个体间的共存形式。具体到翻译活动中的主体间性,又有其自身的特点。查明建(2003)认为,翻译既是作者主体性和译者主体性共存的场所,也是二者主体性间的互动方式。原文既是作者与译者交流的机会和平台,译者与读者的关系必须由译者的读者意识来表现。许钧(2003)从现代解释学的角度出发,对翻译活动进行了重新定位,将理解、解释和再创造活动纳入了翻译活动的循环之中。在这个循环中,作者、译者和读者,各自保持着相对独立但相互影响的地位,相互制约,形成一个活动场域。在这一领域中,译者处于中心地位,作者、译者和读者之间进行着积极的交流。

从这些论述可以看出,两位学者都倾向于将翻译主体间性描述为作者、译者和读者之间的对话。学术界也有另一种观点,认为作者、译者和读者不可能进行对话,因为作者用文字形式固定了他对世界的感知之后,作者就完全脱离了文本。也就是说,一旦作者用文字固定了他的思想,作者思想的流通就消失了。因此,译者可以只与文本对话,而不是与作者对话。

我们认为,尽管作者、译者和读者处于不同的时空,但翻译活动将他们紧密地联系在一起。虽然文字逐渐超越了语言的意义,语言的流通可能随着文字形式的产生而消失,但文字包含着作者感知客观世界的核心思想,这是译者应该接收的信息,也是译者再创造的局限。通过这个过程,作者和译者完成了他们的交流。如果译者不能通过文本与作者进行交流,那么如何达到文化传播和思想交流的意义呢?毕竟文学活动的主体也是人,文学翻译的最终目的是影响人。没有作者主体性约束的文本也失去了存在的意义。

虽然关于译者主体性的表述不尽相同,但我们可以归纳出译者主体性的一些特征:首先,它是译者的一种特殊的主观能动性,或者说是译者的一种积极态度;第二,它是译者的一种自觉,是对周围环境和自身经历的一种反映,是译者素质的一种本能反应;第三,译者的主体性表现为译者自觉的文化品格和审美创造力。

(3)译者主体性在典籍翻译中的表现

在讨论了译者主体性的特征之后,我们从典籍翻译活动来看译者主体性的表现形式,以及译者主体性如何影响翻译过程。

在具体的翻译活动中,译者作为主体,以原文和译文为对象。因此,我们首先从这两个角度来分析译者的主体性。译者对原文的主体性首先表现在对原文的选择上。目的论认为,翻译是一种有目的的活动。既然是有目的的,那么译者就会对文本有选择的余地,即使在同一篇文本中,译者也会侧重于某些点,而忽略其他点。而这些关注和忽视,显然都是主观主动的结果。其次,存在一个翻译前的过程,在这个过程中,译者会学习和再现原文。而这一阶段的理解和解释是译者主体性被积极激发的阶段。乔治·斯坦因认为"译者的第一步是'投入信念',相信ST（source text）中有可以被理解的东西。"作为读者,译者必须调动自己的全部技能、情感、精神、美学和创作来填补原文的"不确定性"和"空白"。译者还必须与原文进行沟通,调整自己的前期建构,最终达到视域的融合,从而完成对原文内涵的建构。在接下来的翻译阶段,译者必须充分发挥自己的欣赏和敏锐的观察力,以探索和评价原文的深刻思想和意境。在这个过程中,译者的积极性得到了发挥,译者的素质也面临着极大的考验。来华传教士最初选择儒家典籍作为翻译的文本,无不体现了这一主体性,他们认识到儒家思想对中国文化的影响,因而,为了尽快了解中国社会,首先选择儒学经典进行翻译,这也能够解释为什么《论语》持续受到译者的垂青。

比较而言,译者与译文之间的关系比译者与原文之间的关系更加自由。在翻译过程中,译者最关心的是能否达到自己的翻译目的。在进入语言转换阶段后,译者的主体性得到了极大的激发,因为译者必须用自己的感知再现原文的精髓和风貌。这是整个翻译过程中最困难、最繁琐的部分,为译者提供了更大的创作空间。因此,这个阶段可以被认为是最有创意和意义的部分。

语言转换完成后,译者的主体性还体现在译文结构的重新安排上。译者可以决定是保持原文的措辞和风格,还是对原文结构进行修改和重新安排;或者是将整个源文本呈现给目标文化,还是只选择其中最有效的部分。在这方面,译者有很大的空间可以发挥自己的主动性来决定如何对原文进行再创作。然而,由于出版和赞助等方面的要求,在这一阶段,译者主体性的作用似乎不像语言转换初期那么明显。正是由于译者在翻译过程中发挥主体性,同一典籍尤其是每一类型的几种代表性典籍译本呈现出多样化的特点。

如果跳出具体的翻译行为,把翻译看作一个从作者对客观世界的感知开始,到读者对译文的反馈结束的过程,译者的主体性以另一种形式发挥作用。

译者与作者同为翻译主体,相互影响。一方面,译者对作者的身份认同和作者的文化背景是译者对作者能动性的调动。另一方面,译者也受到作者对客观世界的感知的制约。从结果的角度看,作者产生原文,译者产生译文。因此,原文与译文具有同等的地位。原文是作者的产物,译者的主动性使译文具有了自己的"审美品格",并烙上了"目的语文化认同"。典籍翻译的最终目的是传播,从读者接受的角度来审视典籍翻译,一些"误读"就有其合理性。美国诗人庞德(Ezra Pound,1885—1972)是中国诗词爱好者,著有《神州集》(Cathay),其中对中国诗词有种种误解与误读,但庞德的努力引起美国诗坛对中国诗词的兴趣,而且把中国文化传播到美国文化圈。

在译者与读者的主体间性中,译者的译者主体性主要表现为译者的"目的语文化意识"和"读者意识"。无论译者是将感知信息隐藏在译文的文字中,还是将其放在一个单独的段落中,其目的都只有一个,只是为了让读者体验和品味。译文在译入语中所达到的文化效果在很大程度上取决于译者对信息转换的形式和程度。同时,译者的"读者意识"还包括读者对译者客观性的认识。客观性是主观性的前提。客体的再现和情感都要遵循客观规律,尊重客体的约束。译者主体性主要包括译文的选择和译文的处理方法,它受到目的语读者接受程度的限制。读者对译者翻译方法的接受程度也会影响译文的最终效果,如上一节所述,理雅各《中国经典》用词严谨,是研究型译本,而下一章介绍的辜鸿铭典籍译本则是普及型译本。

(三)中国典籍文化译作:林语堂的中国典籍文化翻译

林语堂出色的中英文功底和对中西文化的深刻洞察,助力他成为一名出色的翻译家。林语堂的成功翻译让读者能够更好地理解许多中国古典作品,这门晦涩的语言为更多的西方读者所理解和接触。虽然在他之前大部分作品都被翻译过,但林语堂的译本受欢迎程度更高。

在林语堂看来,翻译的目的除了重构中国人的思想外,还应集中在跨文化交流上。由于政治原因,当时的中国形象被扭曲和误解,导致中国的声音在世界上完全没有被听到,中国常常不被西方所接受。让西方人了解中国思想与文化这一翻译目的决定了林语堂采用的翻译策略。

人们普遍认为，一个译者的语言特点和翻译策略可以在他的翻译作品中体现出来。通过考察林语堂的作品，我们可以发现，无论是林语堂本人的著述作品，还是他的翻译作品，实际上都具有翻译的性质。

根据劳伦斯·韦努蒂（Lawrence Venuti，1995）的观点，译者应该熟练掌握最常用的翻译策略，即异化和归化。异化翻译是一种以原语为导向的翻译，力图最大限度地保持原文的风味，使原文化中的异域风情得以完整地保存下来。归化是一种以译语为导向的翻译，力求在目的语文化中传达易懂、亲切的表达方式，使译文为目标读者所理解。异化策略更多地体现了文化差异，将目标读者带到异域文化中。相反，归化将文化差异减少到最低限度，以保持翻译文本的流畅和自然。为了满足目标读者对中国传统文化的期望，需要采用异化策略。与此同时，林语堂也希望能够呈现出一个非常容易让目标读者理解的版本，归化策略的使用也很必要，因为归化突出了翻译语言的流畅性和自然性。因此，这两种策略在翻译中发挥着同等重要的作用。在实践中，林语堂在向西方传播中国文化的过程中，运用了这两种策略，既灵活又相辅相成，同时又达到了自己所倡导的"信、顺、美"的标准。

林语堂是一位杰出的翻译家，被誉为"文化传播的典范"。即使在今天，也很难找到像林语堂那样向西方如此广泛和深入地介绍中国文化的中国作家和翻译家。在他所生活的时代，林语林的翻译帮助重建了中国人的思想，改变了西方人对中国知之甚少或有误解的对中国和中国人的看法。在这种情况下，林语堂不遗余力地传播中国文化的独特之处，将中国古代古典哲学的精髓和精神传递给西方人。因此，正是林语堂的翻译纠正和丰富了外国人对中国的理解。他在向世界传播中国文明和文学方面作出了巨大贡献，为西方人更多地了解中国打开了一扇门，为以后的翻译工作者特别是汉英翻译工作者树立了宝贵的榜样。

第三节　传统艺术传播与翻译

一、中国传统音乐文化的翻译

（一）传统音乐

1. 民族音乐

音乐是人类表达思想感情的载体,是超越了话语之后最为直接、最为彻底的一种情感表达方式。但音乐与音乐之间有着相当大的差异,这种差异首先就表现在民族性上。全世界共有两千多个民族,几乎每个民族都有自己独特的音乐创作,在它的历史流淌中沉淀下来了属于自身的音乐文化。从中国来说,有汉族音乐、藏族音乐、朝鲜族音乐等等,汉族以及 55 个少数民族每个民族都有自己的民族音乐文化,在国际上还有德意志民族音乐、法兰西民族音乐等,不胜枚举。所以,民族音乐是以民族为单位,以民族文化为视角对全世界范围内的音乐所做出的分类。另外,音乐还可以按照产生的时代(如古代音乐和近现代音乐)、创作的性质(如为人民群众的音乐和音乐家的个人音乐)、传播的群体(宫廷音乐、文人音乐等等)、主题、体裁进行不同层面的划分。民族音乐是按照音乐的形式和风格特征所划分出来的一个类型。中国民族音乐是世界音乐中的重要构成部分,是中国音乐中一个非常关键的类别。

2. 历代宫廷音乐及其特色研究

（1）中国宫廷音乐的发展沿革
①发源时期的宫廷音乐。宫廷音乐的出现,首先要有"宫廷"。中

国宫廷音乐是在原始社会结束之后，夏代真正建立奴隶制王朝开始的。

在原始社会末期，私有制逐渐发展起来了，在此期间，随着劳动生产率的提高，剩余劳动力的成果逐渐增多。因此，为了维持原始社会的最低生活水平，集体劳动消费的状况发生了变化。部落领袖总是比其他人有更多的生计，并享有更多的权利。也就是说，在这一时期，阶级开始出现，国家也在逐渐形成当中。根据历史记载，大约在两千多年前，夏禹死后，按照禅让制，禹将会传位给益，但是禹的儿子启及其拥护者杀死了益，夺得了氏族联盟首领的地位，从此，"世袭制"取代了"禅让制"在我国一直绵延了两千多年。

奴隶时代的出现也意味着宫廷时代的开启。在奴隶制时代，农业、手工业以及纺织业、青铜制造业都取得了巨大的进步，有些制造已经相当的精细，石器、玉器、骨器的精美程度也远不是原始社会时期可以比拟的。也就是说，这一时期，人们对于"什么是美"这一问题的认识更加自觉，创造美的能力也获得了很大的提高。阶级的分化又实实在在产生对美的需求。美与不美可以成为标志阶级、划分阶级的一种手段。在夏代，音乐从业余活动发展到戏剧艺术，这意味着音乐欣赏越来越重要。因此，音乐舞蹈的第一享受者是统治阶级，统治阶级已成为音乐发展的重要力量。宫廷音乐来了。

我们在夏启、夏桀、商纣等热爱歌舞的故事中可以看到所有统治者都热爱音乐。据传说，奴隶制时期的第一任统治者夏启即位十年创作了舞《九韶》，他们跳舞跳了几十年。在这个时候的《九韶》并不是一个唱德歌的传统音乐节目，而是一个观众可以欣赏的节目。为了宣扬这种异乎寻常的演出，还造出了一个启"上三嫔于天，得九辩于九歌以下"的神话。

夏桀也是历史上有名的荒醉于歌舞的统治者，一直被后世看作昏君的"始祖"。据传说，桀后宫中有 3 万多名"女乐"，他们的乐手的声音和舞者的舞蹈在早上的皇宫可以听到和看到。从对生产水平进行分析以来女乐"多至三万"，这有点夸张。但从这个传说中我们可以看出，当时为奴隶主表演歌舞的乐队一定有相当大的规模。不只是规模的宏大，在夏桀时代，表演艺术也有相当发展。这些从全国各地搜罗而来的、擅长于音乐及其他技艺的奴隶，已经几乎完全摆脱了音乐的自由散漫色彩，而是按照奴隶主的口味进行纯粹美的钻研、美的加工。

正如工匠奴隶创造了精美的青铜器一样，虽然都是供奴隶主阶级享用的,但他们的艺术水平和历史价值却是不容忽视的。

　　如果说在夏商时期,宫廷音乐还有很强的享乐色彩以及纯粹的表演娱乐性质的话,到了周朝,宫廷音乐中加入了更多去区分阶级、为统治者服务的色彩,在未来漫长的历史发展过程中,这一理念又将注定对这个大一统的泱泱大国产生莫大的影响。周朝建立后,将全国范围内的土地都分给了自己的亲属和功臣,并设立了一套系统完备的宗法制与之互为表里来维系封建统治。此时的周人保留了"舞雩"求雨的风俗,求医问药的时候也常常不自觉地和无数迷信结合起来,但是这时的周朝统治者认为自己是"天之子",直接领受天命,可以根据自己的意志来实行统治,王权统治已经居于神权统治之上了。

　　在统治阶层内部,不同的等级享用的舞蹈规格和舞蹈内容并不相同,在不同乐曲的陶冶之下,人们会对自己的阶层产生带有深厚情感的认同感。在《六大舞》中,《大武》的产生晚于其他的五个舞蹈,但是《大武》在艺术和形式上都达到了新的水平。在我国古代有着根深蒂固的记史传统,所以从今天来看,在史料中,关于《大武》的创作意图、乐舞风貌的资料保留得还是相当丰富的。纵览史料,我们不得不惊叹,竟然在两三千年之前,我们中华民族创造出了形制如此完备、结构如此复杂、内容如此丰富的舞蹈,声情并茂,乐舞合一,这在音乐的发展史上让我们联想到了西方的歌剧。《大武》歌颂的是武王伐纣的事迹,内容包括了这场战争的整个过程以及后续。《大武》气势恢宏,从形式和内容上看,具有以下两个方面的特色:一方面,舞队采用了众多男子群舞的结构,纵横捭阖、起伏有度。队形、动作、情绪都随着激烈的战争进度和舞蹈的内容主旨采用不同的变化方式。在宏大激烈的起伏中将舞蹈推向高潮。在武王伐纣成功,国泰民安之后,舞蹈的队形、变化重新变得规范、平稳。另一方面,《大武》是一种歌颂战功的"武舞",表演的时候舞队都是手执武器。"武舞"在周代之前也具有悠久的传统,古老的"刑天氏之乐"就可以看作"武舞"的萌芽。在《大武》中,"武舞"得到了新的臻于巅峰的发展。

　　周朝分为西周和东周,东周也被称为春秋战国时期,这一时期社会制度又发生了巨大的变革。这一时期由于生产力的发展,普通的平民阶层的能量有了很大的提升,分封出去的诸侯国也各自做大,西周统治者辛辛苦苦建立起来的一套礼乐制度在不长的时间内土崩瓦解,取而代之的民间歌舞的兴盛和繁荣,表演性质的乐舞也有了新的发展。在这一时期，"礼崩乐坏"主要表现在两个方面。第一个方面的变化发生在这一制度的外部，此时在礼乐制度下只有周天子才能享受的礼乐规模被诸侯、大夫僭越的现象时有发生。例如大夫季氏居然公开"八佾舞于庭"，这一行为让孔子都感到气愤至极，在《论语》中也记录了孔子为数不多的对于这一事情的破口大骂："是可忍孰不可忍也！"另外，在《孟子》中我们也可以看到类似于这样的"过分之举"。那么，这些诸侯王为什么要不守规矩呢？他们真的认为天子的音乐更加好听吗？其实非也，从后文中我们将会看到"雅乐"此时对于人们来说已经没有多少吸引力，这样的僭越可以说更多的是出于一种政治态度的宣示。另一个方面的变化来自礼乐制度的内部，这一时期曾被誉为"先王之乐"的"雅乐"已经失去了自己的感染力和生命力，就连作者本身也无法忍受，正如《乐记·魏文侯》篇记载，魏文侯曾问孔子的学生子夏说："吾端冕而听古乐，则唯恐卧；听郑卫之音，则不知倦；敢问古乐之如彼何也？新乐之如此何也？"。可见就连抱持着毕恭毕敬的态度认真聆听的魏文侯都无法对古乐提起兴趣。此时的"雅乐"已经很大程度上沦为了固定而刻板的程式。与之相对应的却是对民间音乐乐此不疲。

②成熟时期的宫廷音乐。在战国末年，秦朝以震耳欲聋之势一统天下，但是在之后它统治的14年里，在艺术的时光中徘徊的却是格外沉寂的脚步。在宫廷音乐方面，秦代的统治者并无意于做出多么大的创新。宫廷重要场合中基本上还是借用周朝的"六代之乐"。到了汉代，宫廷音乐扑面而来一股新的气象，那便是民间音乐的突入。汉代的宫廷音乐分为两个方向，一个是雅乐，一个是俗乐。而汉代统治者开阔的胸襟决定了宫廷音乐必然要俯下身段，向民间音乐取经的姿态。汉朝时期建立的乐府不仅是一个机构，也是一个宫廷音乐发展的制度，乐府在当时负责以体察民意为名，由管理或者是，宫廷的音乐工作者深入民间采风，这些收集来的音乐要么是完成的音乐形式，要么是只有歌词，后来经过改编进行演奏表演。这些带着丰富民间气息的音乐形式一方面娱乐了久居宫廷的人，一方面又为汉代音乐构建了融合先秦雅乐传统和大汉时代精神的新雅乐体系。隋唐时期，燕乐在宫廷音乐和一般政治中发挥着非常重要的作用。

在中国古代音乐史上，"燕"是一个被广泛使用的术语，其含义在不同的时期有所不同。但正如所说，燕乐主要适用于隋唐时期。隋唐时期的所有权是一种艺术、舞蹈和音乐。他在宫廷宴会上玩得很开心。这是宫殿里"普通音乐"的总称。

隋唐时期,统治者创造了规模庞大的宫廷音乐,以反映其强大的国情。这种燕乐系统是多元素的,用于庆祝王朝的盛典。它的创作经历了一个漫长的过程,从隋初的"七部乐"到隋中期的"九部乐",再到唐代的"十部乐"。每个音乐家来自不同的地区,具有不同的地域风格特征。在后期,音乐形式按照演奏形式的分类将多部乐改为"二部伎",即坐部伎和立部伎。

《霓裳羽衣曲》是唐代宫廷音乐发展成熟的标志,是乐舞大曲中的代表作。它在唐代文人的心目中具有很高的地位。据统计,《全唐诗》中,"霓裳"这个词出现了一百多次,大多数都与这部乐舞有关。《霓裳羽衣曲》是一部充满着唐代浪漫主义情结的伟大舞曲,是国家政治经济的强盛、道家超逸思想以及美满爱情相互交融的产物。《霓裳羽衣曲》受道教文化的影响很大,这和唐玄宗本人对于道家的崇尚是密不可分的。后来,唐玄宗在太清宫祭献老子的时候,也在老子面前献上了这部飘逸洒脱的舞曲。《霓裳羽衣曲》是唐代太平盛世中花朵,国富民强自然歌舞升平,民族间的开放与包容是这部舞曲之所以能出类拔萃的土壤,在后世人们的心目中,它的存在已经超越了自身,而是作为超凡脱俗之美的代名词和一种深厚的大唐文化情结,在人们的心目中缭绕着,久久不散。

到了宋代,宫廷音乐中最典型的便是宫廷队舞。这是一种集大曲、诗歌、朗诵和舞蹈于一体的新型舞蹈,是一种面向广大群众的集体舞蹈表演,这种舞蹈脱胎于隋唐燕乐。

③衰落时期的宫廷音乐。明朝的宫廷音乐,经过几代人的战争,已经逐渐衰败。《明史·乐志》记载反映了当时宫廷音乐衰弱的方面。明太祖朱元璋时期,由于传统宫廷音乐的旧体制,音乐和音乐教师的地位以及太多的寺庙、学校和其他机构被建立起来,以满足宫廷雅乐的各种需要。明代皇宫的音乐主要分为城郊庙宇崇拜、节日庆典、宫廷宴会等。

清代基本是继承了明代的宫廷音乐,祭祀乐多演奏《中和韶乐》和《卤簿大乐》,朝会乐多演奏《中和韶乐》《卤簿乐》《丹陛乐》《饶歌乐》等。

（2）中国宫廷音乐的特色

在中国,宫廷音乐分为两个系统,一个是雅乐,一个是燕乐。前者是相对保守的音乐,具有庄严的、高雅的、有利于维护阶级统治的特性。后者相对活泼,在宫廷中主要负责娱乐,休闲身心。

①功利性。音乐具有导正人心的作用,所以在统治者那里利用音乐也就不足为怪了。那么音乐在统治者那里又会发生什么样的质变呢?其中我们首先不得不考虑的就是这种音乐中的功利成分。相比于民间音乐、文人音乐来说,宫廷音中表达内心的抒情功能并不是其主要考量的对象。相反,即使这样的音乐达到了非常高的艺术水平,也主要是一种维护和平统治的工具。宫廷音乐的功利性主要表现在下面几个方面。第一,宫廷音乐可以营造出严肃、高贵的气氛,烘托统治者的威严。所以在宫廷的重大活动中,几乎都少不了雅乐的身影。第二,宫廷音乐也要诉诸情感,但这种情感也有自身鲜明的目的性,主要是为了唤起人们对于统治者的感恩戴德之心,用以夸扬先祖。第三,音乐是一门技术,必须以有组织的物质活动作为基础,所以在宫廷音乐之中,不同等级采用不同的音乐组织和音乐配置能在人们的心理中潜移默化地起到区分阶级的作用。第四,宫廷音乐不仅有政治意义,还负责了宫廷的娱乐职能,是统治者的精神中的重要享受。

②镜鉴性:宫廷音乐因为位于政治的中枢环境中,所以对于时代的反映也是最为敏锐的。宫廷音乐是一个时代的历史积淀以及审美追求的反映,更是人们内心的写照。从历史上来看,宫廷音乐和时代发展之间,是既统一,又分离的关系。从统一的方面来说,若是一个时代政通人和、国富民强,那么宫廷音乐也会展现出欢乐祥和的面貌。但如果生逢乱世,国家处于水深火热的时期,那么宫廷音乐就会展示出分离的现象,一边是民不聊生,一边是宫廷音乐中的铺张浪费,靡靡之音不绝于耳,这一时期的宫廷音乐中几乎看不到"和谐",而是貌合神离,强颜欢笑,不论如何粉饰太平,也难掩柔弱萎靡的神色。

③保守性:宫廷音乐为了突出皇家的威严,具有典雅端庄的特点,通常来说,音乐节奏比较徐缓,余音袅袅,绵延不绝。在声乐中,音乐和歌词相互搭配,一字一音,更衬得旋律平稳舒缓。器乐演奏通常采用的是齐奏的形式,不同乐器在一个总体的威严基调下演奏着同样的旋律,在宫廷音乐的演奏过程中,演奏者也会被限制个人特色的发挥,基本上是按照着既有的音乐形式来进行演出。在历朝历代的宫廷音乐当中,用于皇家威仪的音乐基本上是沿袭下来的,当然,这种沿袭也并非照搬,沿袭的方式有两种,一是将旧乐改名之后加以运用,二是将旧乐重新填上新词。只有在开国之初的时候才会重新制定新乐。

④保障性:相比于民间音乐的野生性来说,宫廷音乐就像是被养在

预案中精心呵护的花一样,是在官方的强有力的保护之下成长的。宫廷音乐为统治者的利益服务,统治者也会调大量的人力、物力、财力来保障宫廷音乐的冠冕堂皇。所以,我们就毫不奇怪为什么在历朝历代的宫廷之中所汇聚的一流的创作人才和演奏人才是最多的,为什么宫廷音乐资料库中保存的文档也是最为全面的。另外,好的音乐演奏需要最一流的物质技术和设施,这对于宫廷音乐来说也自然都不在话下。

⑤包容性:宫廷音乐虽然身居庙堂,但我们也依然不能抹杀四千年来它在包容性方面所做出的努力。从遥远的周代开始,中国宫廷的雅乐露出了一些吸收外来音乐的端倪。任何一个事物想要发展壮大,都少不了与外界之间的沟通交流、能量和意念上的置换。在中国的音乐发展过程中,民间音乐、文人音乐以及异彩缤纷的少数民族音乐是音乐记忆中的重大构成,所以宫廷音乐要想发展,就不能对自己这些音乐同胞的成功视若无睹。包容便意味着变化,对于宫廷音乐来说,稳定性是相对的,变异性是绝对的,中国宫廷音乐受到正统儒家思想的影响,除此之外,与宗教音乐、外来音乐之间也产生了很深的交集。翻开中国音乐史,西域音乐对汉唐音乐的影响是有目共睹的,从乐器上来说,今天我们非常熟悉的,以至于认为是中国正统古典乐器的胡琴、唢呐以及曲项琵琶等都是在外来音乐文明的影响之下发展创造的。

(二)中国传统音乐文化的翻译

1."三美"理论和歌曲翻译的相关研究

"三美"理论的最初开创者应是鲁迅先生,他在《自文字至文章》一文中认为应该从意义、声韵以及形状这三方面来学习中文。许渊冲先生根据这一看法,将他的诗歌翻译创作思想创造性地与这"三美"理论因素结合,由此产生了属于他的"三美"理论。他认为译诗应做到在一定程度上与原诗一样能够撼动读者的内心,引发读者的共情,这就叫作"意美";译诗应有和原诗一样或相似的音韵标准,能够通过声音打动读者,即"音美";译诗应尽可能与原诗在形式上相对应如句子长短、音节数目、对仗工整等,这就叫作"形美"。

（1）意美与歌曲翻译

要想实现意美,首先应该做到"意似",应该准确表达原文意思,不漏译、多译、误译。[①]在意美基础上,许渊冲提出了"风筝不断线原则","风筝"指"意美",线指"意似",只要译文不违背原文,"风筝"不偏离"线",那么增词、减词、换词都可以更好地传达"意美",使"风筝"飞得更高。[②]

（2）形美与歌曲翻译

许渊冲提到的"形美",主要指的是诗歌的结构能在形式上体现美感,表现为简练、对偶、整齐、句子长短等。许渊冲在其《论中国诗歌的押韵》一书中强调,要实现形美,文本翻译应该注意在结构上做到平行,[③]或是通过字面上的重复,以及音节重复和语素重复等。通过重复,整首歌看起来更加具有节奏感和戏剧性,并且整体音乐语言也会变得更加生动。

（3）音美与歌曲翻译

"音美"主要指音韵美,运用到古诗中即平仄相间,读来有高低起伏、抑扬顿挫的音乐感;[④]讲究音调和谐、节奏鲜明,朗朗上口。诗歌与歌曲关系密切,歌曲是诗歌的变体,又在诗歌中汲取养分,歌曲与诗歌互相融合,互相渗透,共同发展。

"三美"多运用于诗歌翻译,在诗歌翻译中"意美"占最重要位置,音美和形美则略微次之,但三者互为补充,共生共荣,能在诗歌、歌曲翻译中实现三美兼具则是最理想的情况。歌曲虽与诗歌关系密切,但两者最大区别是歌曲需要配乐演唱,它在原本诗歌"可读性"的基础上又增加了一个"可唱性"。歌曲最先吸引人的往往是韵律节奏和曲调,其次是歌词中所蕴含的意义以及所呈现出来的形式。因此在理论选择时,"三美"理论中的"音美"是最符合歌曲翻译的,应该排在首选位置,也就是本书理论选择的出发点,以下将从"音美"出发着重分析歌曲翻译。

---

① 邓科.中国的歌曲翻译研究现状分析[J].当代音乐,2016（15）：77-78;84.

② 陈梦亚,李凤萍.从三美论原则看"香奈儿"广告词汉译中美的再现[J].大众文艺,2019（20）：184-186.

③ 吴凡.许渊冲"三美"论视角下的中国风流行歌曲译配研究[D].苏州：苏州大学,2018.

④ 陈韵如.浅析许渊冲"三美"翻译理论在中国古诗英译中的运用[J].英语广场,2020（02）：6-7.

2. 从"音美"视角来看中文歌曲英译

　　歌曲翻译不同于诗词翻译,考虑到歌曲的特殊性是声音的可识别性
也就是可唱性,应将"音美"视为最重要因素并将其首先考虑。如何在
歌曲翻译中保留原歌曲中的韵律、节奏等因素,使译曲仍能在听音方面
具有美感是译者在翻译中需要认真考量的问题。
　　(1)注重歌词押韵
　　押韵是指一个单词与另一个单词具有相同发音或者以相似的发音
结尾。押韵一般出现在句子的开头或是结尾,即头韵和尾韵。押韵可使
文章或歌曲在朗诵或咏唱时产生铿锵和谐之感,以此增强文学魅力和音
乐效果。
　　(2)音韵节奏一致
　　节奏是指一系列有规则的声音或者动作。节奏在歌曲的整体美学
效果中起着非常重要的作用,传达歌曲中的"音美"不仅需要考虑押韵
和重复,还需要翻译原歌曲的节奏。[①]歌曲的节奏是和音符紧密相关的,
是在配音过程中确定的,它与歌词中的音符和单词的数量有关。因此,
在歌曲翻译过程中,英文音节最好能和每一个中文汉字相对应,使得歌
唱时译曲的总体节奏能在大致上和原曲节奏相对应。
　　"三美"理论不仅适用于诗歌翻译,还因歌曲与诗歌极大程度同源,
是诗歌的变体,因而"三美"也同样适用于歌曲翻译。在歌曲翻译中,考
虑到歌曲的特殊性是声音的可识别性也就是可唱性,应将"音美"视为
最重要因素并将其首先考虑。

二、中国武侠电影文化的翻译

　　武侠文化是博大精深的中华文化重要组成部分。武侠文化以侠客
为主角,以侠义精神和武术功夫为核心,通常讲述了锄强扶弱、匡扶正
义的故事,宣扬侠客精神,呈现出中国文化特色。武侠文化中的侠客们
所代表的英雄形象影响了无数华人,由武侠小说改编的影视剧作品也深

---

① 黄文苑.由许渊冲"三美"理论看诗句的英译 [J].作家天地,2020(16):
　27-28.

受大众的喜爱。

影视剧是文化传播过程中重要的一环,利用影音结合的方式,将书面作品更加立体地呈现在观众面前。在全球化不断加深的背景下,影视剧的对外传播成为中华文化走出去的重要推动力。影视剧中的字幕是指以文字形式、出现在电影银幕或电视机荧光屏下方出现的解说文字,可以看作影视剧传播的桥梁,因此做好中国影视作品的字幕翻译,有助于中国影视作品走向国际,促进中华文化的海外传播。

(一)语义层面

武侠影视剧中包含了许多武侠文化中特有的词汇、习语,这些词语不同于其他类型的影片,它们内涵丰富,具有特色,翻译时不可只译出字面意义,其中隐含的实际意义更为重要。

例(1):

"爽快""豪放"

不像那些酸臭文人。You are unlike those pedantic men of letters.

性格和我们一样爽快,You are as easy-going as we are,

喜欢和兄弟们在一起。love making friends with us.

例(2):

他行事豪放。He's a bluff man.

在武侠影视剧中,出现的"大侠"形象往往是正面的,他们豪放不羁、不拘小节,大口喝酒、大口吃肉,常常路见不平,拔刀相助。大侠都是身怀绝技、有勇有谋、大公无私的武林高手,常常游走于江湖之中,锄强扶弱,惩凶除恶。与读书人、文人的形象大有不同。在英文中,"爽快""豪放"没有直接对应的词语,那么译者在翻译过程中就应该根据语境选择合适的词语,传达出信息。"爽快",在中文中通常指的是直爽、痛快的意思,但有时也用于形容某个人不忸怩做作,落落大方。在例(1)中,这句话是对主人公袁天罡的评价,袁天罡身为官员,不摆架子,喜欢和士兵们说说笑笑。在提到"爽快"一词后,下文又补充到"喜欢和兄弟们在一起",说明这个人物性格随和,那么在这样的语境下,译者可以选择 easy-going 一词。在例(2)中,"豪放"一词意思是雄豪奔放,指气魄大而不拘小节,也指处理事情果断有魄力。若直译的话可能译为 bold and unconstrained,似乎有些贬义。在武侠影视剧中,人物性格虽随意不羁、大大咧咧，但并非一个性格缺点，并且 bold 更侧重鲁莽之义，与原文意义不符，因此译为 bold and unconstrained 不太可取。bluff 一词形容人或态度直率豪爽的（但有时不顾及别人），更能体现大侠性格直接、爽快有时又容易得罪人的特点，塑造立体多面的人物形象。

长他们志气 why do you speak highly of them

灭我们威风 and discourage us?

这句话的语境是主人公带领的镖队遇到了另外一支队伍，他向队友赞扬了对方的优点，队友不屑地回应道"你怎么长他们志气，灭我们威风？"中医药古籍《内经》提到人体有三宝：精、气、神。气，精足则气充，气充则神旺。反之，气弱则神伤。是中国的古人对自然界一切现象本原的高度概括，"气者，人之根本也"。这个气可以是一个人或一支队伍的士气、志气。志气，意指积极上进或做成某事的决心和勇气；威风，指使人敬畏的气派或声势。这两个词语如果选择直译的话，找不到意义相等的词语，因此，不如直接将这句话解释出来，即：赞扬对方，贬低自己。discourage 一词本身有"使……灰心，使泄气"的意思。这样一来，"长"与"灭"这两个动词就可以省略了。

好大的官威啊！

What a condescending attitude（from authority）!

在武侠小说中，与"侠"相对应的，除了柔弱的文人形象，还有"官"。"官"的形象往往是鱼肉百姓的贪官污吏，侠义人士的出现，也正是因为官场黑暗，百姓疾苦。武侠小说之所以吸引读者，就是因为里面有着快意恩仇的江湖故事。江湖侠客除暴安良，匡扶正义，不为世俗所约束。从某种程度上来说，他们就是和官府发生冲突的"劲敌"。自然而然，在词语的选择上应该带有一些贬义的感情色彩。"好大的官威"指的就是当权者傲慢、居高临下的态度，直译的话是不可取的。因此，condescending 意为"带着优越感的，居高临下的"（含贬义）一词恰好体现出了感情色彩。

（二）语法层面

中英文在语法层面有着很大的不同，许多在源语观众看来习以为常的话语，在译入语观众看来却并不好理解。因此，在语法层面使用明晰化策略也是必需的。例如：

你突然从后面出现 You suddenly appear from behind.（因）

英雄救美 So you can save the beauty.（果）

这女人啊就喜欢这一套 Because women all like this kind of thing.（因）

尤金·奈达（1982）曾经说过，"从语言学角度来说，英、汉语两种语言之间最重要的区别特征莫过于意合与形合的区分。"意合和形合是语言表现法。所谓"形合"，是指借助语言形式手段（包括词汇手段和形态手段）实现词语或句子的连接，例如关联词"因为……，所以……""虽然……，但是……"而意合，指的是不借助语言形式手段而借助词语或句子所含意义的逻辑联系来实现词语或句子的连接。例如，"今天下雨了，我不去学校。"其中的隐含的逻辑关系就是"（因为）今天下雨了，（所以）我不去学校。"

上例中的语境是，他人给男主角出主意追求暗恋对象，这几句台词是典型的中文句子，短句较多，句式松散。第二句话的"英雄救美"是第一句话的"你突然从后面出现"的原因，而第三句话的"这女人啊就喜欢这一套"是第二句话的"英雄救美"的原因。译者应该分别补译出 So 和 Because，点明这两句话中的上下逻辑关系，否则会使译入语观众感到不解。

（三）语境层面

语言表达离不开特定的语境，语境影响着人们对语言的理解与运用。"目标语境中的读者可能对原语语境中读者所拥有的普通常识不甚了解，所以需要以明晰化的方式呈现给读者"。通过语境明晰化，将源语言中浓缩的文化信息，传达给译入语观众，进而消除观众在阅读中因语境差异产生的疑惑。例如：

到时候，不杀你 Or else

就对不起手中这把刀了 I will definitely kill you.

该句台词出现的语境是，男主角吩咐随从办事，并且以随从的性命要挟，命令他必须完成任务。该例中的"就对不起手中这把刀了"的意思是"不杀你，（我）为何还要拿着这把刀呢"，其中的"对不起"三个字的意思是有愧于人、不辜负，但绝不可将其译为 be sorry for this knife，这样的机械翻译不能正确传达原文意义，还会影响观众观影体验。翻译

时应当解释出这句台词的实际意义,以达到与源语含义相似的效果,即
"I will definitely kill you(我一定会杀了你)"。

这成何体统?

Why did this happen?

"体统"指体制、格局、规矩等。"成和体统"的意思是(这)成什么规
矩,像什么样子。多用于指责不正确的言行。当说出这句话时,说话人
的潜台词是"为什么会发生这样的事",并且含有责备的语气。在翻译
时,可以省略"体统"二字,直接表达出整句话意思,使暗含信息明晰化。

瞧我这脑子。

You know I have a poor memory.

俚语是指民间非正式、较口语的语句,是人们在日常生活中总结出
来的通俗易懂顺口的话语。中文中有一些约定俗成的俚语表达,比如
"兜圈子""给你点颜色看看""林子大了,什么鸟都有"等,每个俚语都
有各自隐含的意思,在翻译时要结合语境进行翻译。该例中的"脑子"
代指记忆力,这句话的隐含意思是"我的记忆力不好",因此,应该译为
poor memory。

(四)文化层面

武侠文化是中国独有的文化,底蕴丰厚,其中蕴含了历史文化、家国
情怀、中华传统文化、语言文化等内容,有着十足的文化底蕴,是中华文
化的重要组成部分,也是中华文化的集大成者。例如:

明前茶

It's the tea picked before Tomb-sweeping Day.

翻译不仅仅是语言文字方面的转换,译者还必须考虑文化差异带来
的问题。明前茶是指清明节前采制的茶叶,是一年之中品质最佳的茶
叶。中国古代人们多喝茶、爱品茶,对于茶叶品质有不同的划分标准,从
接待客人的茶叶种类可以看出主人对客人的重视程度。由于字幕具有
即时和无注的特点,所以一些原文中没有的信息需要通过增补的方式加
在字幕当中,以保证观众的理解效果。在翻译这类带有文化背景的词语
时,译者在翻译过程中应补出文化信息,使暗含信息明晰化。再如:

你这是助纣为虐。

You're helping the evil.

在字幕翻译时，有些表达是源语所特有的，译入语观众无法或无须理解，可以采用替代法，保证译文简洁明了。"助纣为虐"出自西汉·司马迁《史记·留侯世家》。纣是商朝末代君主，是明代神妖小说《封神演义》之中的反面人物，是残暴无道、昏庸荒淫、沉迷酒色的恶君。"助纣为虐"指的是帮助纣王作恶，现在用来比喻帮助恶人做坏事。翻译字幕时，若按照字面意思把"助纣为虐"翻译为"You're helping the emperor Zhou do bad things."这样的翻译会无故增加了影片中没有的人物，导致观众产生疑问，不利于剧情连贯。因此，不如用寓意相同、观众熟悉的英语词语来进行替代，将"纣王"翻译为 the devil，直接点明信息意义，即"纣王"是个反面形象，有助于观众理解。又如：

好强的剑气。

Excellent Kungfu.

在武侠文化中，刀光剑影的江湖故事里，武功招式是其中不可或缺的，江湖侠客使用的兵器也各有不同，刀枪棍棒各有特点。剑气，指剑的光芒，也引申以喻人的才华和才气。"好强的剑气"这句话并不是真的在说"气"，而是在表达对剑术或武功的赞扬。在字幕的翻译过程中，不应该追求盲目对等，更重要的是让译入语观众明白信息，了解意义，因此省略"剑气"的翻译，转而翻译为 Excellent Kungfu。

"侠之大者，为国为民的侠客精神让人们对武侠剧念念不忘、情有独钟之余，也在向世界展现着中国武侠的魅力。"[①] 由武侠小说改编而来的影视剧作品不仅有供大众观赏的功能，还肩负着传播优秀中华文化的责任。在这个过程中，中英字幕翻译扮演着极其重要的角色，如何做好中英字幕翻译值得我们深究。

从以上案例分析中我们可以看出，在进行字幕翻译时，不仅需要对源语和译入语文化及语言特点有充分了解，还要结合电影字幕的特点，将翻译明晰化策略运用到电影字幕翻译中，使译入语观众更好地理解剧情，增强译文的逻辑性和感染力，给观众以更好的观影感受，从而达到促进文化交流与传播的目的，向世界展现中国武侠的魅力。

【理论聚焦】

中华经典作品传达出的是中国和中国文化向世界敞开胸怀的重要

---

① 刘一村.中国武侠的魅力 [J].今日中国，2021（10）：75-77.

信息,在人类命运共同体建设中,中华经典作品翻译体现出当代中华文化的开放包容特质,在借鉴人类优秀文明成果和向世界传播中华优秀传统文化的过程中起着至关重要的作用。本章第一节分析了中医文化的翻译研究与翻译策略,并列举了《难经》等作品来具体分析。第二节分析了经典文学作品的传播与翻译,尤其是经典诗词、经典小说、经典散文以及典籍文化的翻译。第三节分析了传统艺术的传播,涉及古典戏剧、传统音乐以及电影文化的翻译,同样辅以具体的翻译佳作,以实现理论与实践的结合。

【同步练习】
翻译下列诗词。
《木兰辞》节选
唧唧复唧唧,木兰当户织。
不闻机杼声,唯闻女叹息。
问女何所思? 问女何所忆?
女亦无所思,女亦无所忆。
昨夜见军帖,可汗大点兵,
军书十二卷,卷卷有爷名。
阿爷无大儿,木兰无长兄,
愿为市鞍马,从此替爷征。

东市买骏马,西市买鞍鞯,
南市买辔头,北市买长鞭。
朝辞爷娘去,暮宿黄河边。
不闻爷娘唤女声,但闻黄河流水鸣溅溅。
旦辞黄河去,暮至黑山头。
不闻爷娘唤女声,但闻燕山胡骑声啾啾。
万里赴戎机,关山度若飞。
朔气传金柝,寒光照铁衣。
将军百战死,壮士十年归。
……

【参考答案】
The Mulan Ballad

Alas oh alas! Alas oh alas!
Mulan is weaving cloth of topmost class.
Listen and you don't hear the spinning drone;
You only hear the maiden sigh and moan.
"Good lass, what thought has occupied your mind?
Good lass, what thought can you not leave behind?"
"I've nothing that has occupied my mind;
I've nothing that I cannot leave behind.
I saw the new recruiting lists last night;
The Khan is summoning the men to fight.
The twelve lists are literally the same;
In every list there is my father's name.
My dad does not have any grown-up son;
I have no elder brother to carry the gun.
I'll go and buy a stalwart horse and pad
So as to go to battle for my dad."

She buys a strong steed in the eastern market;
She buys a saddle in the western market;
She buys a bridle in the southern market;
She buys a long whip in the northern market.
She leaves her dearest parents by daylight,
And stays by the Yellow River for the night.
She can no longer hear her parents' sound,
But only hears the rushing flood around.
She leaves the Yellow River by daylight.
Arrives at Mount Heishan at early night.
She can no longer hear her parents' sound;
She only hears the Tartar steeds around.
She goes for miles and miles to join the war,

And crosses hills and valleys with the crops.

The northern wind resounds the watchmen's hail;

The chilly moon shines on their coats of mail.

Countless men die on the battlefields.

While other men return with swords and shields.

...

【延伸阅读】

1. 刘会民 . 中国古典文学翻译佳作选析 [M]. 徐州：中国矿业大学出版社，2009.

2. 李美 . 西方文化背景下中国古典文学翻译研究 [M]. 上海：世界图书上海出版公司，2014.

3. 姜学龙，王谋清 . 影视翻译理论与实践 [M]. 长春：吉林大学出版社，2020.

4. 曹广涛 . 英语世界的中国传统戏剧研究与翻译 [M]. 广州：广东高等教育出版社，2011.

5. 曹桂花 . 古诗词翻译赏析 [M]. 武汉：武汉大学出版社，2018.

6. 程颜，张洋 . 传播学视阈下中医典籍翻译研究 [M]. 北京：中国中医药出版社，2021.

7. 马俊智 . 传统典籍翻译与文化传播 [M]. 北京：光明日报出版社，2017.

参考文献

[1] 白桂芬. 文化与翻译新探 [M]. 北京：中国纺织出版社，2017.

[2] 白靖宇. 文化与翻译（修订版）[M]. 北京：中国社会科学出版社，2010.

[3] 包惠南，包昂. 中国文化与汉英翻译 [M]. 北京：外文出版社，2004.

[4] 包惠南. 文化语境与语言翻译 [M]. 北京：中国对外翻译出版公司，2001.

[5] 蔡基刚. 英汉词汇对比研究 [M]. 上海：复旦大学出版社，2008.

[6] 陈浩东. 翻译心理学 [M]. 北京：北京大学出版社，2013.

[7] 陈建平. 应用翻译研究 [M]. 苏州：苏州大学出版社，2013.

[8] 陈坤林，何强. 中西文化比较 [M]. 北京：国防工业出版社，2012.

[9] 陈清贵，杨显宇. 翻译教程 [M]. 成都：电子科技大学出版社，2006.

[10] 成昭伟，周丽红. 英语语言文化导论 [M]. 北京：国防工业出版社，2011.

[11] 戴湘涛. 实用文体汉英翻译教程 [M]. 北京：世界图书出版公司北京公司，2012.

[12] 董晓波. 大学英汉翻译教程 [M]. 北京：对外经济贸易大学出版社，2011.

[13]方梦之.英汉翻译基础教程[M].北京：中国对外翻译出版公司，2005.

[14]冯庆华.翻译365[M].北京：人民教育出版社，2006.

[15]何少庆.英语教学策略理论与实践运用[M].杭州：浙江大学出版社，2010.

[16]何远秀.英汉常用修辞格对比研究[M].成都：西南交通大学出版社，2011.

[17]胡蝶.跨文化交际下的英汉翻译研究[M].长春：东北师范大学出版社，2018.

[18]黄成洲,刘丽芸.英汉翻译技巧[M].西安：西北工业大学出版社，2008.

[19]黄净.跨文化交际与翻译技能[M].天津：天津大学出版社，2019.

[20]黄龙.翻译学[M].南京：江苏教育出版社，1987.

[21]黄勇.英汉语言文化比较[M].西安：西北工业大学出版社，2007.

[22]贾钰.英汉翻译对比教程[M].北京：北京语言大学出版社，2018.

[23]江峰,丁丽军.实用英语翻译[M].北京：电子工业出版社，2009.

[24]姜荷梅.英汉互译教程[M].上海：复旦大学出版社，2017.

[25]金惠康.跨文化交际翻译[M].北京：中国对外翻译出版公司，2003.

[26]金惠康.跨文化交际翻译续编[M].北京：中国对外翻译出版公司，2004.

[27]康晋,常玉田.英汉翻译[M].北京：对外经济贸易大学出版社，2007.

[28]兰萍.英汉文化互译教程[M].北京：中国人民大学出版社，2010.

[29]雷冬雪,于艳平,闫金梅,等.英汉词语跨文化综述[M].长春：吉林文史出版社，2009.

[30]雷淑娟.跨文化言语交际学[M].上海：学林出版社，2012.

[31]李建军.文化翻译论[M].上海：复旦大学出版社，2010.

[32] 李建军.新编英汉翻译[M].上海：东华大学出版社,2004.

[33] 李雯,吴丹,付瑶.跨文化视阈中的英汉翻译研究[M].长沙：湖南师范大学出版社,2018.

[34] 李侠.英汉翻译与文化交融[M].成都：电子科技大学出版社,2020.

[35] 连淑能.英汉对比研究[M].北京：高等教育出版社,2010.

[36] 林丽霞.英语习语文化探源及翻译研究[M].北京：中央编译出版社,2021.

[37] 凌伟卿.21世纪大学英语教程[M].上海：上海大学出版社,2009.

[38] 刘宓庆.文化翻译论纲[M].中译出版社,2019.

[39] 刘明阁.跨文化交际中汉英语言文化比较研究[M].开封：河南大学出版社,2009.

[40] 刘瑞琴,韩淑芹,张红.英汉委婉语对比与翻译[M].银川：宁夏人民出版社,2010.

[41] 刘双,于文秀.跨文化传播[M].哈尔滨：黑龙江人民出版社,2000.

[42] 卢红梅.华夏文化与汉英翻译(第二部)[M].武汉：武汉大学出版社,2008.

[43] 卢红梅.华夏文化与汉英翻译[M].武汉：武汉大学出版社,2006.

[44] 马会娟.汉英文化比较与翻译[M].北京：中国对外翻译出版有限公司,2014.

[45] 冒国安.实用英汉对比教程[M].重庆：重庆大学出版社,2004.

[46] 裴文.现代英语语境学[M].合肥：安徽大学出版社,2000.

[47] 邵培仁.传播学导论[M].杭州：浙江大学出版社,1997.

[48] 邵志洪.英汉对比翻译导论[M].上海：华东理工大学出版社,2010.

[49] 司显柱.英汉翻译教程[M].上海：东华大学出版社,2019.

[50] 宿荣江.文化与翻译[M].北京：中国社会出版社,2009.

[51] 孙俊芳.英汉词汇对比与翻译[M].北京：知识产权出版社,2016.

[52] 孙蕾.英汉文化与翻译研究[M].北京：中国书籍出版社,2014.

[53] 孙启耀 . 英汉翻译 [M]. 哈尔滨：哈尔滨工程大学出版社,2004.

[54] 孙致礼 . 新编英汉翻译教程 [M]. 上海：上海外语教育出版社,
2003.

[55] 万永坤 . 公示语汉英翻译探究 [M]. 昆明：云南大学出版社,
2015.

[56] 汪德华 . 中国与英美国家习俗文化比较 [M]. 杭州：浙江大学出版社,2011.

[57] 汪福祥,伏力 . 英美文化与英汉翻译 [M]. 北京：外文出版社,
2003.

[58] 汪福祥 . 汉译英中的习语翻译 [M]. 北京：外文出版社,2007.

[59] 王大伟,魏清光 . 汉英翻译技巧教学与研究 [M]. 北京：中国对外翻译出版公司,2005.

[60] 王端 . 跨文化翻译的文化外交功能探索 [M]. 北京：中国广播影视出版社,2019.

[61] 王恩科,李昕,奉霞 . 文化视角与翻译实践 [M]. 北京：国防工业出版社,2007.

[62] 王少娣 . 跨文化视角下的林语堂翻译研究 [M]. 上海：上海外语教育出版社,2011.

[63] 王述文 . 综合汉英翻译教程 [M]. 北京：国防工业出版社,2010.

[64] 王天润 . 实用英汉翻译教程 [M]. 北京：国防工业出版社,2013.

[65] 王武兴 . 英汉语言对比与翻译 [M]. 北京：北京大学出版社,
2003.

[66] 王一川 . 文学理论 [M]. 成都：四川人民出版社,2003.

[67] 魏海波 . 实用英语翻译 [M]. 武汉：武汉理工大学出版社,2009.

[68] 吴得禄 . 英汉语言对比及翻译研究 [M]. 成都：电子科技大学出版社,2016.

[69] 吴建民 . 中国古代文学理论的当代阐释与转化 [M]. 南京：凤凰出版社,2011.

[70] 吴为善,严慧仙 . 跨文化交际概念 [M]. 北京：商务印书馆,
2009.

[71] 武锐 . 翻译理论探索 [M]. 南京：东南大学出版社,2010.

[72] 谢群 . 英汉互译教程 [M]. 武汉：华中科技大学出版社,2010.

[73] 新世纪高职高专教材编审委员会,刘黛琳,牛剑,王催春 . 实用

阶梯英语跨文化交际第 2 版 [M]. 大连：大连理工大学出版社, 2010.

[74] 徐通锵. 语言论——语义型语言的结构原理和研究方法 [M]. 长春：东北师范大学出版社, 1997.

[75] 闫文培. 全球化语境下的中西文化及语言对比 [M]. 北京：科学出版社, 2007.

[76] 严明. 跨文化交际理论研究 [M]. 哈尔滨：黑龙江大学出版社, 2009.

[77] 杨岑. 英汉翻译入门 [M]. 长春：吉林人民出版社, 2019.

[78] 杨海庆. 中西文化差异及汉英语言文化比较 [M]. 北京：知识产权出版社, 2005.

[79] 杨贤玉. 英汉翻译概论 [M]. 武汉：中国地质大学出版社, 2010.

[80] 殷莉, 韩晓玲等. 英汉习语与民俗文化 [M]. 北京：北京大学出版社, 2007.

[81] 张安德, 杨元刚. 英汉词语文化对比 [M]. 武汉：湖北教育出版社, 2003.

[82] 张白桦. 翻译基础指津 [M]. 中译出版社, 2017.

[83] 张保红. 文学翻译 [M]. 北京：外语教学与研究出版社, 2010.

[84] 张娜, 仇桂珍. 英汉文化与英汉翻译 [M]. 成都：电子科技大学出版社, 2017.

[85] 张培基. 英汉翻译教程第 2 版 [M]. 上海：上海外语教育出版社, 2018.

[86] 张青, 张敏. 英汉文化与翻译探究 [M]. 北京：中国水利水电出版社, 2015.

[87] 张全. 全球化语境下的跨文化翻译研究 [M]. 昆明：云南大学出版社, 2010.

[88] 张维鼎. 语言文化纵论 [M]. 成都：四川辞书出版社, 2002.

[89] 张文英, 戴卫平. 词汇·翻译·文化 [M]. 长春：吉林大学出版社, 2010.

[90] 张镇华. 英语习语的文化内涵及其语用研究 [M]. 北京：外语教学与研究出版社, 2007.

[91] 赵秀丽. 英美文化与英汉翻译研究 [M]. 吉林出版集团股份有限公司, 2019.

[92] 钟书能 . 英汉翻译技巧 [M]. 北京：对外经济贸易大学出版社，2010.

[93] 蔡秋阳 . 植物感知影响因子及价值认知研究 [D]. 武汉：华中农业大学，2017.

[94] 韩暖 . 汉英禁忌语对比分析及其在跨文化交际中的回避策略 [D]. 哈尔滨：哈尔滨师范大学，2016.

[95] 李杰玲 . 山与中国诗学——以六朝诗歌为中心 [D]. 上海：上海师范大学，2011.

[96] 刘娇 . 汉英植物词文化意义的对比研究及教学建议 [D]. 沈阳：辽宁大学，2017.

[97] 马慧 . 英汉语篇衔接手段对比及其翻译 [D]. 兰州：兰州大学，2017.

[98] 任继尧 . 汉英委婉语对比研究与对外汉语教学 [D]. 太原：山西大学，2018.

[99] 汪火焰 . 基于跨文化交际的大学英语教学模式研究 [D]. 武汉：华中科技大学，2012.

[100] 王军霞 . 汉语教学中英汉习语文化空缺现象研究 [D]. 济南：山东师范大学，2016.

[101] 王梅 . 从英汉习语看英汉文化的异同 [D]. 成都：四川师范大学，2009.

[102] 王爽 . 汉英习语文化对比 [D]. 哈尔滨：黑龙江大学，2011.

[103] 夏露 . 中英语言中"风"的概念隐喻对比研究 [D]. 武汉：华中师范大学，2014.

[104] 尤晓霖 . 英国动物福利观念发展的研究 [D]. 南京：南京农业大学，2015.

[105] 张锐 . 文化空缺视域下的汉英数字文化对比 [D]. 乌鲁木齐：新疆师范大学，2013.

[106] 陈冬雁 . 译介学视域下中国民族文学"走出去"研究——以《狼图腾》的成功译介为例 [J]. 才智，2016（34）：238-239.

[107] 陈晶辉 . 文化语境下的英汉植物词汇意义与翻译 [J]. 边疆经济与文化，2011（06）：32-33.

[108] 陈仲伟，王富银 . 中国文化典籍外译传播障碍研究 [J]. 海外英语，2019（01）：90-93.

[109] 黄曼 . 汉语习语变异研究概述 [J]. 社会科学战线, 2014（12）: 275-277.

[110] 黄险峰 . 中西建筑文化差异之比较的探讨 [J]. 华中建筑, 2003（10）: 37.

[111] 兰玲 . 中西文化差异下的汉英动物词汇翻译 [J]. 边疆经济与文化, 2015（02）: 98-100.

[112] 李琳琳, 丛丽 . 基于文化翻译理论的中国建筑文化翻译策略探究 [J]. 长春教育学院学报, 2015, 31（20）: 68-70.

[113] 刘兰君 . 英汉禁忌语之文化差异透视 [J]. 教育现代化, 2018, 5（26）: 348-349.

[114] 刘鑫梅, 赵禹锡, 刘倩 . 跨文化传播视阈下我国传统文化对外传播探析 [J]. 传媒论坛, 2018, 1（14）: 1-2.

[115] 刘秀琴, 董娜 . 跨文化交际中的英汉"委婉语"探讨 [J]. 山西广播电视大学学报, 2018, 23（04）: 43-46.

[116] 吕鹏, 张弛, 张智豪 . 文化"走出去"背景下中国纪录片解说词英译的语境顺应研究——以《舌尖上的中国》为例 [J]. 英语广场, 2018（11）: 12-15.

[117] 马国志 . 文化视域下的英汉习语对比与翻译 [J]. 科教文汇, 2019（03）: 180-183.

[118] 欧阳可惺 . 当代中国少数民族文学研究的三种范式 [J]. 民族文学研究, 2017, 35（05）: 5-19.

[119] 潘秋阳, 衣莉莉, 于鹏, 王君 . 基于译介学视域下中国民族文学"走出去"的分析 [J]. 文化创新比较研究, 2019, 3（18）: 188-189.

[120] 潘姗姗, 刘晓琳 . 从跨文化交际视角浅析南京公示语翻译现状及对策 [J]. 海外英语, 2019（17）: 142-143.

[121] 沈琳琳 . 文化传播语境下高职英语外译教学原则分析——以服饰文化翻译为例 [J]. 职教论坛, 2015（35）: 70-73.

[122] 王君 . 国内生态翻译学研究综述 [J]. 海外英语, 2019（02）: 53-54.

[123] 王君 . 基于生态翻译学理论的中国古代文化典籍英译策略研究 [J]. 今古文创, 2020（43）: 79-80.

[124] 王君 . 基于语境顺应论的《红高粱》对外传播路径探索 [J]. 对联, 2023, 29（02）: 12-14.

[125] 王君. 接受理论视阈下中国古代文化典籍英译译者主体性的研究 [J]. 英语教师, 2018, 18（09）: 20-22.

[126] 王君. 接受理论视阈下中国古代文化典籍英译中的读者关照 [J]. 海外英语, 2017（20）: 130-131.

[127] 王君. 接受美学: 典籍英译新视角 [J]. 海外英语, 2015（18）: 113-115.

[128] 王君. 接受美学视角下的中国文化典籍英译对外传播研究 [J]. 辽宁工业大学学报（社会科学版）, 2015, 17（03）: 41-43.

[129] 王君. 跨文化传播学视角下的中国当代小说英译研究 [J]. 大众文艺, 2016（19）: 273.

[130] 王君. 困境与出路: 中国当代小说英译与传播 [J]. 戏剧之家, 2016（21）: 283.

[131] 王君. 连贯视角下旅游文本的翻译策略分析 [J]. 英语广场, 2021（01）: 35-37.

[132] 王君. 生态翻译学视角下的中国古代文化典籍英译译者主体性探究 [J]. 今古文创, 2020,（44）: 76-77.

[133] 王君. 生态翻译学视阈下中国古代文化典籍英译中的读者关照 [J]. 今古文创, 2020（35）: 87-88.

[134] 王君. 生态翻译学在中国文化典籍外译中的应用 [J]. 今古文创, 2020（38）: 83-84.

[135] 王君. 习语翻译让英文作文锦上添花 [J]. 基础教育论坛, 2010（12）: 9-10.

[136] 王君. 语境顺应论下的中国文化英译译者主体性探究 [J]. 中国民族博览, 2023（04）: 193-195.

[137] 王君. 语境顺应论下中国文学作品英译中的读者关照 [J]. 对联, 2023, 29（04）: 31-33.

[138] 王君. 中国古代文化典籍对外传播实践与研究 [J]. 海外英语, 2018（14）: 1-2.

[139] 王君. 中国古代戏剧典籍英译分析——以《牡丹亭》为例 [J]. 传播力研究, 2018, 2（13）: 172-173.

[140] 王君. 中国小说英译译介模式构建探究 [J]. 戏剧之家, 2016（22）: 278.

[141] 肖唐金. 跨文化交际翻译学: 理论基础、原则与实践 [J]. 贵州

民族大学学报,2018（03）: 23-38.

[142] 杨超.人名、地名的中西互译 [J].科学大众·科学教育,2017（08）: 101.

[143] 张欢.浅析文化语境对诗歌英译的影响 [J].今古文创,2021（18）: 123-124.

[144] 朱梦.新闻传播中英语地名翻译探讨 [J].科技传播,2015,7（10）: 40-41.

[145] 朱颖娜.从动物词汇看英汉文化差异 [J].才智,2017（11）: 227.